ANGEI

CW00520487

FLUCHT INS FREMDE PARADIES

Bearbeitet von: Stefan Freund
Illustrationen: Per Illum

GEKÜRZT UND VEREINFACHT
FÜR SCHULE UND SELBSTSTUDIUM

Diese Ausgabe, deren Wortschatz nur die
gebräuchlichsten deutschen Wörter umfasst,
wurde gekürzt und in der Struktur vereinfacht und ist damit den Ansprüchen des
Deutschlernenden auf einer frühen Stufe
angepasst.

**Dieses Werk folgt der
reformierten Rechtschreibung
und Zeichensetzung**

Umschlagentworf: Mette Plesner

Umschlagillustration: IStock: justhavealook (o),
Neustockimages (u.l), Juanmonino (u.r)

Easy Readers

EGMONT

Gedruckt in Dänemark

Angelika Mechtel

wurde am 26.08.1943 in Dresden geboren. Sie wuchs im Rheinland und in München auf, machte ihr Abitur in Würzburg und arbeitete bei Zeitungen, Zeitschriften und beim Rundfunk. Lebt heute als Schriftstellerin in Einsbach bei München. Sie ist tätig als Erzählerin, Verfasserin von Hör- und Fernsehspielen, macht Reportagen und Dokumentation, schreibt Lyrik. Sie wurde mit dem Förderpreis für Literatur der Stadt Nürnberg und dem Tukan-Literaturpreis der Stadt München ausgezeichnet.

Werke

Gegen Eis und Flut. Gedichte (1963); Lachschärpe. Gedichte (1965); Die feinen Totengräber. Erzählungen (1968); Kaputte Spiele (1970); Hochhausgeschichte (1971); Alte Schriftsteller in der Bundesrepublik – Gespräche und Dokumente (1972); Friss Vogel (1972); Das gläserne Paradies (1973); Die Blindgängerin (1974); Hallo, Vivi! (1975); Ein Plädoyer für uns. Frauen und Mütter Strafgefangener berichten. Gespräche und Dokumente (1975); Keep Smiling. Reportage, Erzählungen (1976); Kitty Brombeere (1976); Die Träume der Füchsin. Erzählungen (1976); Das Puppengesicht. Geschichten (1977); Wir sind arm, wir sind reich (1977); Kitty und Kay (1978); Die andere Hälfte der Welt oder Frühstücksgespräche mit Paula (1980); Maxie Möchtegern (1981).

Zum Buch

Der für Angelika Mechtel charakteristische, kritische, gelegentlich scharfe satirische Unterton weicht in »Flucht ins fremde Paradies« einer mitunter leicht farcierten Komik des Kinderjargons. Mit dem Stilmittel des Wechselgesprächs und des inneren Dialogs vermag Angelika Mechtel bezüglich schulischer und familiärer Beziehungen und Konflikte einfühlsame Nuancen innerer und äußerer Entwicklungsprozesse von Zwölfjährigen zu beschreiben. Gleichaltrigen Lesern kann hier die Beruhigung vermittelt werden, dass sie mit ihren Gefühlen nicht allein sind.

Erster Tag

1

Seit Freydoun verschwunden ist, kommt sich Farideh viel erwachsener vor, älter, als sie mit ihren zwölf Jahren ist. Sie trägt jetzt die *Verantwortung*, die vorher ihr großer Bruder zu tragen hatte.

Sie weiß, was er *vorhat*.

»Kommst du mit oder bleibst du hier?«, fragte er gestern Abend.

Farideh versuchte ihn daran zu *hindern*.

»Du kannst doch nicht einfach *abhauen*!«

Auf keinen Fall wollte sie mitkommen.

»Ich kann, was ich will!« Freydoun ließ sich von seiner Idee nicht *abbringen*. »Außerdem haue ich nicht ab. Ich finde ihn und dann wird alles ganz anders!«

»Wenn die Erwachsenen ihn nicht gefunden haben, wie wirst du das schaffen? Du *kennst* dich doch gar nicht *aus*!«

Freydoun ist vierzehn und einen Kopf größer als Farideh. Er lässt sich nur ungern etwas sagen, und schon gar nicht von der kleinen Schwester. Heute nach der Schule hat er sich auf den Weg gemacht.

---

die Verantwortung, eine Handlung für richtig finden und bereit sein, die Konsequenzen zu ziehen
vorhaben, tun wollen
hindern, tun, dass etwas nicht geschieht
abhauen, weglaufen
abbringen, hindern
auskennen, gut Bescheid wissen

Jetzt *hat* er sechs Stunden *Vorsprung*.

Sie hat ihn nicht *verraten*. Als Mohammad nach Freydoun fragte, hat sie gelogen. »Er ist beim Zahnarzt.«

5 Zahnarzt ist gut. Zahnarzt dauert in Deutschland immer sehr lange. Sie ist stolz auf ihre Idee.

»Zahnarzt? Warum sagst du mir das erst jetzt?«

Farideh lächelt unschuldig.

Der kräftige Mohammad mit dem kurzgeschnit-
10 tenen Haar *hängt an* Freydoun. Seit drei Monaten sind sie unzertrennlich und haben ihre Geheimnisse.

Aber diesmal ist es anders. Diesmal weiß nur Farideh etwas. Sie ist unheimlich stolz darauf.

Beim Mittagessen wäre es beinahe passiert. Marion
15 hat ein Gefühl für *Ausreißer*.

»He, Fa, dein Bruder ist doch nicht etwa abge-hauen?«

Für Farideh war es nicht leicht, nichts zu sagen. Aber sie hat Freydoun nicht verraten. Sie hat einfach von
20 der Mathematikarbeit erzählt, die sie heute schreiben musste, und auf Marions »Sag mal, bist du plötzlich *bekloppt* oder was?« gar nicht reagiert.

Marion darf so was sagen. Sie ist nämlich etwas Besonderes. Wenn sie vom Kinderheim, das amtlich
25 ein städtisches *Waisenhaus* ist, genug hat, haut sie ab. Das *traut sich* sonst niemand aus der Gruppe.

---

einen Vorsprung haben, voraus sein
verraten, sagen, wo jemand ist
an jemandem hängen, hier: jemanden gern haben
der Ausreißer, jemand, der wegläuft
bekloppt, dumm, blöd, verrückt
das Waisenhaus, ein Heim für Kinder, die keine Eltern haben
sich trauen, Mut haben

6

Nein, es muss heißen: Das hat sich bisher niemand
getraut.

Freydoun ist inzwischen längst angekommen und
irgendwo in der fremden Stadt verschwunden. Sechs
Stunden sind ein guter Vorsprung. 5

Nun wird sie beweisen müssen, dass sie zu ihm hält.

Jetzt arbeitet kein Zahnarzt mehr. An der Schule
findet auch nichts mehr statt. Es ist Abendbrotzeit und
Freydoun fehlt. Sein Stuhl am Tisch ist leer.

Die anderen sitzen, wo sie jeden Abend sitzen, und 10
essen Marmeladen- und Wurstbrote. Farideh hat ihren
Platz zwischen Mariam und Marion und überhaupt
keine Lust, irgendetwas zu essen.

»Wo ist Freydoun?«, fragt Mariam leise. Sie und ihr kleiner Bruder Cyrus sind schon vor einem Jahr aus dem Iran in die Bundesrepublik gekommen. Farideh antwortet nicht, nimmt ein Stück Käsebrot in den
5 Mund und kaut mühsam darauf herum.

Yvonne scheint der leere Stuhl nicht zu stören. Sie sitzt neben Tobias, dem Jüngsten der Gruppe, und *kichert*, weil er sich Marmelade vom Brot ins Gesicht reibt. Yvonne ist klein und schwächlich, obwohl sie
10 vorgestern schon acht geworden ist. Thorsten fängt wieder einmal mit Mohammad Streit an und tritt ihn unterm Tisch gegen das Bein. Freydouns unbenutzter Teller steht neben Mohammads auf dem Tisch.

Dann ist da noch Susanne. Susanne, eine der
15 *Erzieherinnen*, die abwechselnd mit Ulla die Kindergruppe *betreut*. Farideh mag Susanne lieber als Ulla. Ulla ist älter und strenger. Außerdem ist Susanne wunderschön. Ihre langen roten Haare sehen aus wie ein Sonnenuntergang. Nachdenklich betrachtet sie
20 Freydouns leeren Platz.

»Hat sich Freydoun verspätet, Farideh?« Da ist die Frage. Am liebsten würde sich Farideh unter dem Tisch verkriechen. Sie schüttelt stumm den Kopf. »Er kommt also nicht?« Überraschung in Susannes Augen,
25 die grünlich sind wie die Augen von Mama.

»Aha!« Das ist Marion. Es ist ein triumphierendes Aha.

»Du hast mir doch erzählt, er wäre beim Zahnarzt?«, fragt Mohammad nervös.

---

kichern, leise lachen
die Erzieherin, die Pädagogin
betreuen, sich um jemanden kümmern

8

Farideh *spürt*, wie sie rot wird. Am Tisch ist es still geworden. Selbst Thorsten hat aufgehört zu treten. Nur der vierjährige Tobias mit den blonden Haaren begreift nichts.

»Heißt das, Freydoun kommt heute Nacht nicht ins Heim zurück?« 5

Marion lacht laut. »Abgehauen!«, rief sie. Farideh *nickte*. Sie konnte gar nicht anders.

Susanne macht ein Gesicht, als könne sie das nicht glauben. 10

»Weißt du, wo er ist?«, fragt sie.

Farideh schweigt. Freydoun erwartet von ihr, dass sie schweigt.

»Farideh, wenn du weißt, wo er ist, wäre es besser, du würdest es mir sagen.« Susanne hat längst aufgehört 15 weiterzuessen. Auf ihrem Teller liegt ein halbes Stück Wurstbrot.

Farideh schweigt immer noch. Sie darf ihren Bruder nicht verraten. Auch wenn er etwas tut, was er nicht tun sollte. Oder gilt dann ihr Versprechen nicht mehr? 20

»Farideh, überleg doch mal. Was erzählst du euren Eltern, wenn Freydoun etwas geschieht?«

Es ist nicht leicht für Farideh zu schweigen. Jetzt hat sie Angst. Sie weiß nicht, was sie den Eltern sagen würde, wenn … 25

Auf einmal spürt sie, wie Marion sie mit dem Fuß anstößt. Sie kennt dieses Zeichen: Sei bloß ruhig!

»Mach uns doch die Sache nicht so schwer!«

---

spüren, merken, fühlen
nicken, ja sagen

9

Farideh schweigt. Freydoun braucht Zeit, kostbare Zeit. Wenn das, was er vorhat, *klappt*, dann wird sich tatsächlich alles verändern.

Aber wenn Freydoun etwas passiert? So leicht ist es nicht, sich auf einmal erwachsen zu fühlen.

Vor dem Zubettgehen wird sie in Hamids Büro geschickt. Er betreut alle persischen Kinder im Heim und ist ihr Freund. Aber Farideh weiß, dass sie auch Hamid nichts sagen wird. Sie läuft die Treppe zum Büro hinunter und sagt sich: Es wird schon gut gehen! Genauso wie damals, als sie und Freydoun Teheran verlassen mussten. Das war vor einem halben Jahr. Im Januar fing das an, was Freydoun nun zu einem guten Ende bringen will.

---

klappen, gelingen

2

Von Teheran nach Dubai. Von Dubai nach Athen.
Von Athen nach Frankfurt.

Aber sie landeten nicht in Frankfurt.

Die Maschine wurde wegen Nebel umgeleitet.

»Wo liegt Köln eigentlich?«   5

»Weiß ich nicht«, antwortete Freydoun.

»In Deutschland?«

»Glaube schon.«

Hoffentlich nicht zu weit von Frankfurt entfernt! In
Frankfurt wartete Onkel Hossein auf sie.   10

Eigentlich wollte sie nach Freydouns Hand greifen

und sich festhalten. Aber dazu war sie zu stolz. Er hätte ihre Angst bemerkt.

Vielleicht geschieht ein Wunder? Vielleicht steht Onkel Hossein gar nicht in Frankfurt, sondern in Köln
5 auf dem Flughafen und holt sie ab? Was geschieht überhaupt, wenn sie in Deutschland angekommen sind?

Eine Nacht, einen Tag und noch einmal einen Teil der Nacht war sie mit Freydoun in Flugzeugen und auf
10 Flughäfen. Von Teheran nach Dubai. Von Dubai nach Athen. Von Athen nach Frankfurt. Nein. Von Athen nach Köln.

Wäre es nach ihr gegangen, sie wäre bei den Eltern in Teheran geblieben. Aber es ging nicht nach ihr.
15 Es geht darum, dass dort, wo sie herkommt, Krieg ist, und hier in Deutschland das *Paradies* sein soll. Oder so etwas Ähnliches.

Beim Abschied auf dem Flughafen in Theran weinte sie. Mama nahm Farideh fest in die Arme.
20 »Farideh«, sagte sie, »du bist zwar noch klein. Aber nicht mehr so klein. Du wirst es schon schaffen! Pass auf Freydoun auf, ja?« Das *flüsterte* Mama so leise, dass weder Freydoun noch Papa es hören konnten.

Nein, so klein bin ich wirklich nicht.
25 Papa sprach beim Abschied sehr leise und blickte sich immer wieder um, ängstlich, als könnte ihnen jemand zuhören. »Du hast Freydoun dabei«, sagte er, »er ist dein großer Bruder. Solange **ich** nicht bei dir bin, musst du tun, was **er** sagt, hörst du? Dann kann dir
30 nichts passieren.«

---

das Paradies, ein Ort der Sicherheit und des Friedens
flüstern, ganz leise sprechen

12

Sie hatte sich von Freydoun an die Hand nehmen lassen und ging mit ihm durch die Passkontrolle. Sie hörte, wie Freydoun dem Passbeamten und den Wachleuten mit den Maschinengewehren erzählte, sie fliegen zu Tante Elahe nach Dubai. Es war gelogen. Aber es war so *abgemacht*. Er musste lügen. Selbst die beiden Rückflugtickets Teheran – Dubai – Theran waren eine Lüge, eine, für die ihre Eltern viel Geld bezahlt hatten.

In Dubai wartete eine Frau auf sie. Sie gab Freydoun die beiden Flugtickets nach Athen. Diesmal waren es keine Rückflugtickets. Freydoun bezahlte mit amerikanischen Dollarscheinen, die er in den Schuhen versteckt hatte.

Sie kann stolz auf ihren großen Bruder sein. *Feige* ist er nie gewesen. Er träumt nur manchmal vor sich hin oder wird zum Schweiger. Aber immer dann, wenn es gilt, kann man sich auf Freydoun verlassen.

In Athen gab er den Rest des Geldes einem kleinen Iraner, der sie dafür in die Lufthansa-Maschine nach Frankfurt setzte.

Eine lange Reise und ein langer Weg.

»He! Schläfst du?« Freydoun schüttelte sie unsanft am Arm. »Wir landen gleich! Da sind schon die Landelichter. *Guck* mal raus!«

Mit einem kräftigen Stoß setzte die Maschine auf der Rollbahn auf.

Es war Mittwoch, der 5. Januar 1988.

---

abmachen, festlegen
feige, ohne Mut
gucken, sehen

3

Sie kamen an einem kalten, nebeligen Winterabend in Köln an. Eigentlich was es schon Nacht. Der Kölner Flughafen ist viel kleiner als der in Teheran und viel ordentlicher. Es war warm und hell bei ihrer Ankunft.
5 Nicht viele Leute, kein lautstarkes *Palaver*. Farideh fühlte sich wie in einem Wohnzimmer; es fehlten nur die dicken, weichen Teppiche. Sie war mit ihrem ersten Eindruck von dem, was das Paradies sein sollte, durchaus zufrieden. Sie überlegte sogar, ob die
10 Menschen, die ins echte Paradies kommen, weil sie gestorben sind, auch zuerst auf einem Flughafen ankommen und von zwei Uniformierten abgeholt werden.

Die Uniformierten waren zwei Männer mit
15 Maschinengewehren und sie waren sogar freundlich. Sie brachten Farideh und Freydoun in ein Büro.

»Hast du auch ganz bestimmt die Adresse und Telefonnummer von Onkel Hossein nicht verloren?«, fragte Farideh flüsternd auf dem Weg.
20 Freydoun machte sein beleidigtes Gesicht. Er würde doch so wichtige Dinge wie Adressen und Telefonnummern nicht verlieren!

»Was denkst du von mir? Schließlich hat Papa **mir** die Verantwortung für uns beide gegeben, nicht **dir**!«
25 Seine Stimme klang tiefer als üblich, so, als würde er schon bald ein richtig erwachsener Mann sein. Sie klingt immer so, wenn Freydoun sich in seiner Ehre verletzt fühlt.

Im Büro holte er dann den Zettel aus der Brusttasche
30 seiner blauen Windjacke. Höflich erklärte er den

---

das Palaver, lautes und unwichtiges Reden

14

Uniformierten: »Das sind Adresse und Telefonnummer unseres Onkels. Er erwartet uns auf dem Flughafen in Frankfurt. Könnten Sie ihn bitte anrufen und ihm sagen, dass wir hier sind?«

»Sag ihnen, dass er uns abholen soll!« Farideh war ungeduldig.

»Farideh«, sagte er, »sei bitte still.« Er benahm sich wirklich unglaublich erwachsen. Allerdings ohne Erfolg. Die Uniformierten verstanden kein Wort. Heute weiß sie, dass es gar keinen Erfolg haben konnte. Wer spricht schon Farsi in Deutschland? Die meisten wissen nicht einmal, dass ihre Sprache nicht Persisch, sondern Farsi heißt.

Damals bekam sie einen Schreck. Wie sollten sie hier leben können, wenn sie niemand verstand? Das war ja, als könnte sie auf einmal nicht mehr laufen! Freydoun muss es in diesem Augenblick ähnlich gegangen sein. Er steckte den Zettel zurück und bekam seine dicken Unglücks*falten* auf der Stirn.

Die verschwanden auch nicht, als einer der beiden Männer zwei Tassen mit Kakao brachte und lächelte. Der andere telefonierte.

Da saßen sie also vor zwei Kakaotassen in einem hell erleuchteten Büroraum und wussten nicht, wie es weitergehen sollte. Sie hatten nicht viel Gepäck mitgebracht, nur zwei Reisetaschen und das, was sie ihre *Schätze* nannten: Den alten Gebetsteppich, den Freydoun zusammengerollt unterm Arm hielt. Bibijun, ihre Großmutter, hatte den Teppich Freydoun

---

die Falte, hier: ein Zeichen tiefen Kummers
die Schätze, wertvolle Sachen

mit auf die Reise gegeben: »Er wird dich und Farideh beschützen, wenn ihr in Not seid«, hatte sie gesagt. Der Teppich hatte einmal Ali Baba, dem Großvater, gehört. Farideh weiß von ihm nur, dass er aus
5 irgendeinem Grund ins Gefängnis kam und dort gestorben ist. Die Zettel mit den Adressen und Telefonnummern von Onkel Hossein und den Eltern sowie zwei Fotos; eins von Mama und Papa und eins von ihrem Bruder Ahmad. Ahmad war fünfzehn
10 gewesen, als er starb.

Wenn sie ehrlich ist, muss sie gestehen, dass sie damals auf dem Flughafen gar nicht an Ahmad gedacht hat. Sie hatte auf einmal ein anderes, sehr wichtiges Problem. Es machte sie sehr unsicher. Sie
15 stieß Freydoun mit dem Fuß an.

»Was ist?« Freydoun wirkte nervös.

»Ich muss mal auf die Toilette!«

»Hättest du nicht im Flugzeug gehen können?«

»Da musste ich noch nicht.«

20 »Und was soll ich tun? Die beiden können doch kein Farsi! Wie soll ich da nach der Toilette fragen?«

»Und wenn du es auf Englisch versuchst? Du lernst doch seit einem Jahr Englisch auf der Schule.«

»So etwas lernt man nicht im Englischunterricht.
25 Ich könnte höchstens nach dem Weg zum Britischen Museum fragen, aber das hilft uns jetzt nicht weiter.«

Farideh vermied es, den Bruder zu fragen, ob es in Köln ein Britisches Museum gebe. Sie versuchte es stattdessen mit einem Trick. Meist hilft er ja: Sie denkt
30 einfach an etwas ganz anderes.

Damals dachte sie an den kleinen grünen Stein, den sie am letzten Tag vor ihrem Abflug auf dem Spielplatz im Park gefunden hatte. Sie war mit Mama dort gewesen. Freydoun war an dem Nachmittag in der Schule. Als sie den Stein sah, wusste sie: Den nehme ich mit. Der wird mich immer an den Park erinnern und er ist ein Stück von zu Hause.

Außer dem Stein hatte sie nur noch ihren 5 Lieblingshund mitgebracht. Es war ein *Plüsch*hund, den irgendwann einer von Papas Universitätskollegen aus Europa mitgebracht hatte. Farideh hatte noch nie so ein Spielzeug gesehen. Kein anderes Kind in ihrer Klasse hatte ein Plüschtier. Er hatte auch schon einen 10 Namen: Monko. Das klang sehr fremd, aber ein europäischer Hund hat eben einen europäischen Namen. Monko hat eine *kahle* Stelle auf dem Rücken, dort, wo sie zum Einschlafen die Nase in sein Plüschfell steckt, weil Monko so schön nach guten Träumen 15 riecht. Monko war bei der Ankunft in Faridehs Reisetasche.

Gerade als sie überlegte, ob sie ihn herausholen sollte, kam Hamid ins Büro. Selbstverständlich wusste sie noch nicht, wer Hamid war, aber sie hatte das 20 Gefühl, dass es jetzt irgendwie weitergehen würde. Es überraschte sie gar nicht, als er in Farsi sagte: »Ich bin euer *Dolmetscher*. Gemeinsam schaffen wir es schon, eure *Probleme* zu *lösen*.« Jedes Mal, wenn sie mit ihm spricht, erinnert sie Hamid an Onkel Mansur in 25 Teheran: klein und beweglich, große braune Augen und ein *Wuschelkopf*.

---

der *Plüsch*, ein weicher Stoff
kahl, leer
der *Dolmetscher*, jemand, der Sprachen übersetzt
die *Probleme* lösen, die Geschichte zu einem guten Ende bringen
der *Wuschelkopf*, ein Kopf mit lockigem und unordentlichem Haar

Als sie Hamid zum ersten Mal sah, wusste sie nicht,
dass er mindestens einmal die Woche auf dem
Flughafen Flüchtlingskinder abholt. Kinder, die ohne
ihre Eltern aus Sri Lanka ankommen, aus Äthiopien,
aus dem Libanon und natürlich aus dem Iran und dem
Irak. Aber nur dann, wenn er die Kinder aus dem Iran
abholt, dolmetscht er selbst. Für alle anderen bringt er
Dolmetscher mit. Hamid ist tatsächlich so etwas wie
ein *Engel* oder wenigstens etwas ganz Ähnliches.

Als erstes fragte er in dieser Nacht, ob sie und
Freydoun von ihren Eltern einfach so nach Deutschland geschickt worden seien.

»Nein! nein!« Freydoun sprang aufgeregt vom Stuhl.
»Wir sollten von Onkel Hossein abgeholt werden!«
Diesmal log er nicht. »Ich habe seine Telefonnummer.
Die beiden Soldaten dort haben mich nicht verstanden.
Könnten Sie bitte Onkel Hossein anrufen?«

»Aber natürlich kann ich das. Wie lange soll euer
Besuch denn dauern?« Hamid blieb ruhig und
freundlich. Sie hat ihn bisher auch nur einmal wütend
erlebt.

Freydoun *zögerte*. Die Eltern hatten ihm gesagt, das
er vorsichtig antworten solle.

Genau in diesem Augenblick, daran erinnert sich
Farideh, dachte sie an Ahmad. Am selben Tag, an dem
sie den grünen Stein gefunden hatte, musste sie mit
ihrer Mutter ansehen, wie eine Gruppe von Jungen,
nicht älter als Freydoun, aus einer Schule geholt und
auf Armeelastwagen gebracht wurde. Soldaten mit

---

der Engel, jemand, der die Menschen beschützt und ihnen hilft
zögern, unsicher handeln

18

Maschinengewehren standen Wache. Farideh verstand nicht, worum es ging. Sie fragte ihre Mama: »Was machen die?«

»Sei still!« Mama konnte kaum sprechen.

5 Abends hörte Farideh, wie Mama es leise Papa erzählte.

»Sie holen **alle** Jungen in den Krieg. Sie schicken jetzt die Kinder an die *Front* und sind stolz darauf, ihre Söhne dem *Ayatollah* zu opfern!«

10 Farideh weiß nur noch, dass sie plötzlich im Flughafenbüro zu weinen anfing. Sie weinte und dann waren da viele Arme, die sich schützend um sie legten, Hände, die sie *streichelten*, Küsse von Freydoun, Männerstimmen, weich und beruhigend. Einer sagte:

15 »Deine Schwester ist todmüde!« Das war Hamid. »Wir werden jetzt euren Onkel Hossein anrufen.«

Freydoun legte Bibijuns Teppich auf den Fußboden im Büro, setzte sich und holte Farideh zu sich herunter, legte ihren Kopf an seine Schulter und hielt sie fest in

20 seinen Armen.

Hamid ging zum Telefon und wählte Hosseins Nummer. Es dauerte lange, bis sich am anderen Ende der Leitung jemand meldete. Sie wunderte sich, dass Hamid am Telefon nicht Farsi sprach. Er redete eine

25 ganze Weile. Schließlich beendete er das Gespräch, legte den Hörer auf und blickte nachdenklich auf Farideh und Freydoun hinunter.

»Frag ihn, was Onkel Hossein gesagt hat!«, flüsterte Farideh.

---

die *Front*, die vorderste Kriegszone, das Kampfgebiet
der *Ayatollah*, das politische und (religiöse) geistliche Oberhaupt
im Iran
streicheln, liebevoll anfassen

20

Aber Hamid gab ihm schon den Zettel zurück.

»Unter dieser Telefonnummer ist euer Onkel nicht zu *erreichen*. Die Leute, die jetzt in der Wohnung leben, sind Türken. Sie wissen nichts von eurem Onkel.

»Vielleicht ist nur die Telefonnummer falsch?«, sagte Freydoun.

»Aber die Adresse«, antwortete Hamid geduldig, wie er immer geduldig ist, »die Adresse stimmt. Es wohnen nur andere Leute dort, verstehst du, Freydoun.«

Freydoun schüttelte heftig den Kopf. »Nein!« Er ließ Farideh los und stand aufgeregt vom Boden auf. »Vielleicht haben Sie die falsche Nummer gewählt? Es kann nur ein Fehler sein! Unsere Eltern haben uns zu ihm nach Deutschland geschickt. Er ist ein Vetter meines Vaters. Er muss da sein! Sie müssen die Nummer noch einmal wählen!«

Hamid legte heruhigend eine Hand auf Freydouns Schulter. Freydoun ist beinahe genauso groß wie Hamid.

»Heute nicht mehr«, sagte er, und Farideh glaubte herauszuhören, dass selbst Hamid ein wenig traurig war. »Heute ist es zu spät. Ich verspreche dir, Freydoun, das wir morgen alles versuchen werden, Onkel Hossein zu finden. Aber jetzt bringe ich euch erst mal ins *Kinderheim* und morgen sehen wir weiter. Einverstanden?«

Kinderheim? Hamid sagte dieses Wort auf Deutsch, und Farideh fand, es klang beruhigend.

---

erreichen, hier: sprechen
das Kinderheim, ein Haus, wo Kinder wohnen, die keine Eltern haben

4

Die ersten zwei Monate war es Freydoun, der die Briefe
nach Hause schrieb. Er meinte, das sei seine Aufgabe,
er sei klüger und älter als Farideh. Älter ist er
zweifellos.

5 Den ersten Brief hat Farideh beinahe wörtlich im
Kopf. Freydoun hatte ihn drei oder vier Tage nach
ihrer Ankunft geschrieben, ohne sich vorher mit ihr zu
beraten.

Sie saßen im Jungenzimmer. Es war ein verregneter
10 Vormittag und sehr still im Heim. Die Großen waren
in der Schule, die Kleinen im Kindergarten. Das
Haus, in dem mehr als hundert deutsche und
ausländische Kinder leben, wirkte wie *ausgestorben*.

Sie saßen auf Freydouns Bett, das heute Nacht
15 unbenutzt bleiben wird. Das Zimmer ist ein langer,
heller Raum. An der einen Wand stehen die beiden
Etagenbetten für die vier größeren Jungen, in der Ecke
neben der Tür steht das kleine Bett für Tobias und an
der Wand gegenüber, an der zwei große Pferde-Poster
20 hängen, ein runder Tisch mit fünf Stühlen.

Einer der Stühle ging kaputt, als Thorsten vor vier
Monaten kam. So was tut er absichtlich. Aber Susanne
sagt, man müsse mit Thorsten genauso viel Geduld
haben wie mit Tobias. Beide kommen aus kaputten
25 Familien. Farideh weiß schon lange, dass nicht alles
stimmt, was sie zu Anfang glaubte. Damals dachte sie,
all die deutschen Kinder wären im Heim, weil sie ihre
Eltern verloren haben und Waisenkinder sind.

---

beraten, gemeinsam überlegen und besprechen
aussterben, menschenleer sein
das Etagenbett, ein Bett, das über einem anderen steht

22

Freydoun las ihr seinen Brief vor.

»Liebe Eltern«, hörte Farideh, »wir sind gut in Deutschland angekommen, aber leider nicht in Frankfurt, sondern in Köln. Ein *Landsmann* hat uns am Flughafen abgeholt und uns in eine Art *Internat* gebracht, das sie Kinderheim nennen. Hamid, der uns abholte, kümmert sich um die iranischen Kinder. Er ist sehr nett. Man kann ihm vertrauen. Seit drei Tagen sucht er nach Onkel Hossein, denn leider stimmen die Telefonnummer und die Adresse in Frankfurt nicht. Vielleicht habt ihr eine neue Adresse? Bitte schickt sie uns! Oder ruft uns hier im Heim an!

Wahrscheinlich weiß Onkel Hossein gar nicht, wo er uns finden kann! Aber bis er uns gefunden hat, dürfen wir hier bleiben. Macht euch also bitte keine Sorgen! Hier ist alles sauber und sehr ordentlich, und die Leute sind freundlich. Wir bekommen gut zu essen und schlafen in zwei verschiedenen Zimmern – Farideh bei den Mädchen und ich bei den Jungen. Leider ist einer der Jungen aus dem Irak. Er heißt Mohammad und ich werde jedes Mal *zornig*, wenn ich ihn sehe. Schließlich waren es seine Leute, die Ahmad getötet haben.

Wir haben frische weiße Bettwäsche bekommen und Handtücher. Es ist vieles anders als zu Hause. Es gefällt uns aber trotzdem und ihr braucht euch keine Sorgen zu machen. Sie haben uns auch warme Kleidung gegeben, denn es ist ziemlich kalt. Ich habe

---

der Landsmann, einer, der aus demselben Land kommt
das Internat, ein Heim, meist an einer Schule, wo man wohnt und Essen bekommt
zornig, wütend

23

jetzt eine Windjacke in meiner Lieblingsfarbe Blau,
und Farideh läuft seit heute auch auf der Straße in
Jeans herum. Ich hoffe, ihr seid damit einverstanden.
Hier tragen nämlich die meisten Mädchen Jeans.
5 Farideh und ich denken jeden Tag an euch und *beten*
darum, dass unsere Wohnung nicht bei einem
Raketenangriff getroffen wird!

Hier werden die Häuser nicht *verdunkelt*. Die Lichter
in den Wohnungen brennen bis tief in die Nacht hinein
10 und die Straßenlampen sogar bis zum Morgen! Wir
sind euch sehr dankbar, das ihr uns hierher geschickt
habt. Und wir werden bestimmt alles so machen, dass
ihr stolz auf uns sein könnt. Bitte schreibt bald oder
ruft an!

15 Es grüßt und küsst euch euer Sohn
Freydoun«

Es war ein langer Brief geworden. Farideh hätte gern
noch etwas dazugeschrieben, zum Beispiel ein Wort
zum Essen. Das Essen war nicht schlecht. Es war nur
20 fremd. Es gab Dinge, die hatten sie und Freydoun noch
nie in ihrem Leben gegessen oder getrunken, zum Beispiel diesen *ekelhaften* Milchkaffee morgens! Sie sind
süßen Tee gewohnt. Und in den vergangenen Tagen
hatte es kein einziges Mal Reis gegeben!

25 Oder zum Beispiel die Sache mit dem *Heimweh*. Nur
in der ersten Nacht war sie zu müde gewesen, um
Heimweh zu haben.

---

beten, mit Gott sprechen
verdunkeln, dunkel machen
ekelhaft, unangenehm
das Heimweh, die Sehnsucht nach daheim

Und warum tat Freydoun so, als wären sie in einem Internat? Die Eltern wissen sehr gut, was ein Waisenhaus ist. Aber Freydoun will das nicht an die Eltern schreiben. Die hätten genug Sorgen. »Wichtig ist«, sagte er damals, als er ihr den Brief vorlas, »dass Papa und Mama das Gefühl haben, es geht uns gut. Nur deshalb haben sie uns hierher geschickt. Ich verbiete dir, ihnen Kummer zu machen!«

Er benahm sich ekelhaft. Aber er war im Recht. Als großer Bruder darf er Verbote aussprechen. Er hat Papas Platz eingenommen und dem Vater muss sogar ihre Mutter gehorchen. Das ist nie anders gewesen. Nur Bibijun hat eine höhere Stellung in der Familie.

Nun ja. Er verbot ihr von Heimweh zu schreiben, aber er hatte ihr nicht verboten zu *seufzen*. Farideh seufzte also, nicht sehr laut, aber auch nicht so leise, dass Freydoun es nicht hätte hören können.

»Grüße und Küsse«, schrieb sie unter die Telefonnummer an den Schluss des Briefes, »Grüße und Küsse von eurer Tochter Farideh.«

Sie gab Freydoun den Brief zurück. Hamid brachte ihn noch am selben Tag für sie zur Post.

Zehn Tage später kam der erste Anruf aus Teheran. Auch durchs Telefon schickte Farideh Küsse, zwei für Papa und zwei für Mama. Freydoun fand es *albern*, ein Telefon zu küssen. In Persien küsst niemand ein Telefon. So verrückt ist nur Farideh.

---

seufzen, tief atmen, weil man Kummer hat
albern, dumm

25

5

Danach war klar, dass sie vorerst im städtischen
Waisenhaus bleiben würden. Der Vater hatte es so ent-
schieden. Wo Onkel Hossein abgeblieben war, konnte
er nicht sagen. »Ich kümmere mich darum. Macht
5 euch keine Sorgen und seid fleißig und höflich. Macht
mir keine *Schande*!«

Sie hätte an diesem Abend schon bemerken können,
dass Freydoun ins *Grübeln* kam ...

Sie saßen zum ersten Mal in Hamids Büro, unten
10 im ersten Stockwerk des Heims. Es war schon dunkel
und Hamid machte zuerst die Deckenlampe an, dann
die auf dem Schreibtisch. Farideh entdeckte die
Pflanzen auf dem Fensterbrett. Sie sahen aus, als bekä-
men sie zu wenig Wasser. Das ganze Fensterbrett stand
15 voll grüner Pflanzen. Die Bäume draußen vor dem Fenster waren *kahl*.

Freydoun bekam wieder dicken Falten auf der
Stirn. »Wie geht es nun weiter?« Dabei *starrte* er an
Farideh vorbei.

20 Hamid antwortete freundlich. »Wie es mit allen
Kindern weitergeht, die wie ihr hier ankommen. Das
Heim wird versuchen, für euch eine *Aufenthaltsgenehmigung* zu bekommen, und das Jugendamt
übernimmt die *Vormundschaft*. Ihr geht zur Schule, lernt
25 Deutsch, lernt einen Beruf, und wenn Freydoun

---

die Schande, etwas Schlechtes
das Grübeln, lange und genau über etwas nachdenken
kahl, ohne Blätter
starren, immer geradeaus sehen
die Aufenthaltsgenehmigung, die Erlaubnis, an einem Ort zu bleiben
die Vormundschaft, die Vertretung von Vater und Mutter

26

sechzehn wird, müssen wir überlegen, ob wir für ihn einen *Asylantrag stellen*. Aber bis dahin ist noch viel Zeit. Wichtig ist erst mal, dass ihr euch gut einlebt.«

»Was bedeutet das: Vormundschaft?«

»Vormundschaft bedeutet, dass alle Entscheidungen, die früher eure Eltern für euch trafen, von nun an das Jugendamt trifft.« 5

»Das Jugendamt darf über mich bestimmen, als ob es mein Vater wäre?« Freydoun tat so, als ginge es nur um ihn. Er tat überhaupt so, als wäre Farideh gar nicht da. 10

»*Stell* es dir nicht so schlimm *vor*«, sagte Hamid.

»Das geht nicht!« Freydoun wurde zornig. »Ein Amt kann doch kein Vater sein! Das ist unmöglich!«

Er ist enttäuscht, dachte Farideh. Er hat sich alles ganz anders vorgestellt: Er hat geglaubt, Onkel Hossein hätte in Frankfurt ein Haus, wie Bibijun eins in Teheran hat, und er würde ihn in Deutschland auf eine gute Schule und später auf die Universität schicken. »Dann werde ich Arzt«, hatte Freydoun *geprahlt*, »oder Ingenieur! Damit lässt sich viel mehr Geld verdienen, als Papa an der Universität verdient!« Außerdem wünscht er sich ein Fahrrad. Onkel Hossein würde ihm sicher eins schenken; Vater hatte ihm wegen des Verkehrs in Teheran keins gegeben. 15 20 25

Farideh erinnerte sich gut. Vom Fahrrad hatte Freydoun noch am letzten Sonntag vor ihrer Abreise geträumt. Das war in Bibijuns Haus gewesen. Sie

---

einen Asylantrag stellen, um eine Aufenthaltsgenehmigung für einen politischen Flüchtling bitten
vorstellen, denken
prahlen, übertreiben

27

saßen auf dem Boden des großen Zimmers, in dem sie immer saßen, wenn die Familie zusammenkam. Bibijuns Haus ist längst nicht so modern wie die Wohnung der Eltern. Sie lebt noch so, wie sie es seit ihrer
5 Kindheit gewohnt ist. Deshalb sind auf dem Boden des großen Zimmers von einem Ende zum anderen dicke, weiche Teppiche. Es gibt keine Möbel. Nur in der Ecke einen Fernsehapparat. An diesem Tag waren auf den Teppichen Plastikdecken für das Essen
10 ausgelegt. Es gab Salate, und Lawasch, das große, runde, papierdünne Brot, und *Joghurt* und Reis auf silbernen *Platten*; es gab den Schafskäse, den Farideh nicht mag, weil er so scharf ist, *Lamm*fleisch in Soße und Hühnchen. Vor dem Essen hatten alle *Pistazien*
15 gegessen. Freydoun hatte sich außerdem die Hosentaschen damit vollgestopft. Er ist ganz wild auf Pistazien.

Tante Malakeh und Baba Akbar waren gekommen, Onkel Manssur und Onkel Abbas. Ihnen allen *erläuterte*
20 Papa seinen Beschluss, Farideh und Freydoun nach Deutschland zu schicken.

Papa sagte ungefähr Folgendes: »Ihr wisst alle, was mit meinem Sohn Ahmad passiert ist. Ihr wisst, was täglich in Teheran geschieht. Wenn keine Raketen
25 auf unsere Häuser fallen, dann müssen wir Angst davor haben, zu sagen, was wir denken, weil die Geheimpolizei zuhören und uns verhaften könnte.

---

der Joghurt, saure Milch
die Platte, hier: der große Teller
das Lamm, das junge Schaf
die Pistazie, eine kleine Nuss
erläutern, erklären

Denkt nur an meinen Vater! An Ali Baka, Bibijuns Mann. Wir wissen bis heute nicht, warum sie ihn ins Gefängnis brachten und warum er dort gestorben ist. Deshalb ist meine Entscheidung gefallen. Ich schicke Freydoun und Farideh nach Deutschland. Es kostet viel Geld, mehr, als ich habe, und ich könnte es nicht tun, wenn Bibijun nicht etwas von ihrem Geld dazugeben würde. Es fällt mir nicht leicht, meine Kinder in ein fremdes Land zu schicken. Glaubt mir, wir tun es aus Liebe. In Deutschland gibt es keinen Krieg, in dem Kinder an die Front geschickt und getötet werden. Es fallen keine Raketen. Es gibt kein Giftgas, es gibt auch keine Geheimpolizei. Dafür gibt es Schulen und Universitäten. Ich bin sicher, Freydoun und Farideh werden dort ihren Weg gehen, und wir werden stolz auf sie sein. Wir schicken unsere Kinder auf die Flucht in ein fremdes Land, aber ich hoffe, wir schicken sie nicht ins Ungewisse, denn sicherlich wird sich mein Vetter Hossein in Frankfurt um sie kümmern, auch wenn wir seit Monaten nichts mehr von ihm gehört haben.«

Seit Monaten? Moment mal! Das ist es doch!

Aufgeregt kam Farideh in die Wirklichkeit zurück. »Ich hab's!« Sie schrie vor Aufregung. »Ich hab's!«

»Du kannst doch nicht einfach dazwischenschreien!« Das war Freydoun.

»Was hast du?«, fragte Hamid.

Farideh sprang vom Stuhl auf. Sie war ganz nervös. »Erinnerst du dich, Freydoun? Papa hat schon in Teheran gesagt, dass er seit Monaten nichts mehr von Onkel Hossein gehört hat!«

»Und?«

Freydoun verstand nichts! Warum versteht er es

nicht? dachte sie. Er ist doch älter als ich. Er müsste viel mehr verstehen als ich. Sie setzte sich wieder auf ihren Stuhl und versuchte, es ihm zu erklären.

»Du weißt, was wir mit den Eltern abgemacht
5 haben? Wir haben versprochen, mindestens einmal im Monat einen Brief an sie zu schreiben, egal was passiert, egal wo wir sind, nur damit sie wissen, wie es uns geht. Das gleiche haben sie bestimmt auch mit Onkel Hossein *vereinbart*, als er vor einem Jahr nach
10 Deutschland ging. Verstehst du? Wenn er seit Monaten keinen Brief geschrieben hat, dann ist etwas geschehen. Dann geht es ihm nicht gut. Vielleicht sitzt er im Gefängnis und kann nicht schreiben?«

Freydoun starrte sie an, als wäre sie ein *Ungeheuer*,
15 und Farideh entdeckte zum ersten Mal Angst in seinen Augen. Die Angst war nur für Sekunden sichtbar. Danach verschloss sich sein Gesicht wie eine Haustür, die jemand zuwirft.

Hamid musste das gleiche in Freydouns Augen
20 gesehen haben. Er warf Farideh einen fragenden Blick zu und legte dann die Hand auf Freydouns Arm. »Dein Vater hat gesagt, er wird sich darum kümmern, Freydoun! Ich glaube nicht, dass euer Onkel Hossein im Gefängnis ist. In Deutschland darf man aus den
25 Gefängnissen Briefe nach Hause schreiben. Das hätte er längst getan. Vielleicht – «, Hamid zögerte und Farideh bemerkte dieses Zögern genau, »vielleicht hat er keine Zeit zu schreiben, weil er mit seinen Geschäften beschäftigt ist?«

---

vereinbaren, besprechen, absprechen
das Ungeheuer, ein großes, wildes Tier

Freydoun antwortete nicht. Er presste die Lippen zusammen, als würde er es sich verbieten, irgendetwas dazu sagen. Wovor hatte er Angst? Sie hätte ihn gern in den Arm genommen um ihn zu trösten, aber Freydoun konnte es nicht leiden, von einem Mädchen 5 in den Arm genommen zu werden. Deshalb streichelte sie nur ganz schnell unter dem Tisch über sein Knie.

»Freydoun«, sagte sie leise, »denk an etwas anderes. Vielleicht schenkt dir das Amt ein Fahrrad? Du könntest Hamid doch fragen, oder?« 10

Freydoun *zuckte* nur mit den Schultern.

---

zucken, eine kurze und schnelle Bewegung machen

6

Freydoun schwieg drei Tage lang.

Die ersten beiden Tage fiel es nicht auf, da die Kinder im Heim Deutsch oder eine andere fremde Sprache sprechen. Am dritten Tag saß er schweigend
5 neben Farideh in einem Klassenzimmer mit hohen Glasfenstern. Für Farideh was das neu und aufregend. Sie saß zum ersten Mal mit Freydoun gemeinsam im Unterricht; normalerweise ging Freydoun in eine höhere Klasse und außerdem gab es in Teheran nur
10 getrennte Schulen, solche für Mädchen und solche für Jungen.

Diese Klasse, so hatte Hamid ihr erklärt, war eine Förderklasse. In einer Förderklasse werden ausländische Kinder erst einmal in Deutsch unter-
15 richtet, ehe sie nach ihrem Alter und ihren Kenntnissen auf andere Klassen verteilt werden.

Freydoun saß neben ihr, als hätte er die Sprache verloren und machte ein Gesicht, das zeigte, wie fest er immer noch seine Tür verschlossen hielt. Er bewegte
20 sich nicht auf seinem Stuhl, starrte nach vorn zur Lehrerin und tat so, als *ginge* ihn nichts in der Welt etwas *an*.

Farideh hatte schon über die Stühle und Tische gestaunt. In ihrer Schule daheim hatte sie mit vier
25 anderen Mädchen auf einer hölzernen Schulbank gesessen. Es gab keine Tische, nur Schreib*platten*, die an der Bank festgemacht sind. Das Klassenzimmer war dunkel und die Fenster so eng, dass sie nicht in den Himmel gucken konnte wie hier.

---

angehen, hier: interessieren
die Platte, ein großes Brett

32

Hier gefiel es ihr gut, auch wenn sie kein Wort verstand. Die Lehrerin sprach nur Deutsch. Klar! Niemand kann von ihr verlangen, fünf oder sechs verschiedene Sprachen zu sprechen.

An diesem Morgen ließ sie die Kinder ein Lied singen. Es war ein langes Lied und weil Farideh noch nicht mitsingen konnte, *beobachtete* sie die Lehrerin. Sie musste dreißig sein oder so. Die Haare trug sie kurzgeschnitten wie ein Junge. Aber sie sah nett aus, überhaupt nicht streng. Wahrscheinlich, überlegte Farideh damals, hat sie nicht einmal einen Stock, mit dem sie die Kinder bestraft, die ungehorsam sind oder einen Fehler machen. Heute weiß sie, dass es stimmt.

Sie hatte das Gefühl, in Wirklichkeit gar nicht von Teheran nach Dubai, von Dubai nach Athen und schließlich von Athen nach Köln geflogen zu sein, sondern von Teheran auf einen anderen Stern.

»Freydoun!« Das war die Lehrerin. Farideh schreckte auf. Warum wurde Freydoun nach vorne gerufen? Hatte er etwas falsch gemacht?

Er saß neben ihr und rührte sich nicht.

»Freydoun!« Vorsichtig stieß Farideh ihren Bruder in die Seite. Er wird doch nicht eingeschlafen sein? Im Unterricht einschlafen kostet Stockschläge!

Der Stoß tat seine Wirkung. Freydoun stand auf, blickte stumm geradeaus und wartete. Die Lehrerin sagte etwas auf Deutsch. Freydoun reagierte nicht.

Die Lehrerin bat ein Mädchen aus der vordersten Reihe zu übersetzen. Das Mädchen hatte eine helle, hohe Stimme, war etwa gleich alt mit Farideh und

---

beobachten, genau ansehen

sprach ein klares, reines Farsi, wie Farideh es bisher nur von Bibijun gehört hatte.

»Frau Tizian sagt: ›Freydoun, möchtest du dich der Klasse vorstellen und uns sagen, wie du heißt, wie alt du bist und seit wann du in Köln lebst?‹« 5

Farideh sah, dass Freydoun ein klein wenig rot wurde. Er atmete tief durch. Einmal. Und noch einmal. Als wäre es eine Anstrengung, die zugeworfene Tür zu öffnen. Dann nickte er.

»Ich heiße Freydoun«, antwortete er dem Mädchen 10 in seiner Sprache, »bin vierzehn Jahre alt und seit fünfzehn«, er überlegte, rechnete nach, »nein, seit sechzehn Tagen in Köln.« Farideh hörte, wie er befreit aufatmete.

Das Mädchen übersetzte seine Antwort und die 15 Lehrerin wollte sich gerade bedanken, als Freydoun sie unterbrach. Er zeigte auf Farideh. »Und das ist meine kleine Schwester Farideh. Sie ist erst zwölf und genauso lange in Köln wie ich!«

Die Klasse lachte, Frau Tizian nickte lächelnd und 20 ließ übersetzen: »Es ist schön, dass du uns das sagst, Freydoun. Ich werde Farideh gleich selbst fragen.«

Freydoun wurde nun richtig rot, und Farideh überlegte, was er wohl falsch gemacht hatte. Warum lachte die Klasse, wenn er sich schützend vor sie stellte 25 und für sie sprach? Es war seine Aufgabe als großer Bruder.

Aber dann vergaß sie, weiter darüber nachzudenken. Sie lernte die ersten deutschen Sätze. Sie begann, eine fremde Sprache zu lernen, lernte fremde 30 Buchstaben und schrieb zum ersten Mal von links nach rechts und nicht von rechts nach links, wie sie es gewohnt war.

7

Das Heimweh kam meistens nachts: manchmal auch tagsüber. Dann bat sie Freydoun, die Fotos ansehen zu dürfen.

Er hat die Schätze unter der *Matratze*. Dort liegt Ali 5 Babas Teppich, und darunter sind die beiden Zettel mit den Adressen und Telefonnummern versteckt. Onkel Hosseins falsche Adresse hat er nie weggeworfen. Sie wird nachsehen müssen, ob er die Schätze mitgenommen hat.

10 Heute ist das mit dem Heimweh nicht mehr so schlimm. Damals hatte Farideh das Gefühl, vom Heimweh *aufgefressen* zu werden. Heimweh ist wie ein *Monster*. Aber die Monstergeschichten, die hat sie erst hier kennen gelernt. Daran ist Yvonne schuld.

15 Wenn Farideh jedenfalls tagsüber Heimweh bekam, wartete Freydoun, bis keiner der anderen Jungen im Zimmer war. Dann holte er die Schätze unter der Matratze hervor, rollte den Teppich zusammen und nahm ihn unter den Arm: die Fotos und die Zettel 20 steckte er in die Hosentasche.

Im Keller des Heims hatten sie den Heizungsraum *entdeckt*. Es *stinkt* nach Öl, der Motor der Zentralheizung lärmt, und es ist sehr warm. Dort legte Freydoun den Teppich auf den Boden und setzte sich mit gekreuzten 25 Beinen darauf. Farideh setzte sich neben ihn. Er

---

die Matratze, der Teil des Bettes, auf dem man liegt
fressen, Menschen essen, Tiere fressen
das Monster, das Ungeheuer
entdecken, finden
stinken, schlecht riechen

betrachtete zuerst Ahmads Foto, dann das der Eltern. Farideh wollte zuerst die Eltern sehen. Wenn sie das Foto von Ahmad ansah, musste sie meistens weinen. Papa hatte es bei der Feier zu Bibijuns achzigsten Geburtstag gemacht. 5

Tagsüber hatte Farideh die Fotos und Freydoun.

Nachts hatte sie Monko. Sie kroch mit ihm unter die Bettdecke. Dort konnte sie reden, ohne von den anderen Mädchen gehört zu werden. Sie erzählte ihm alles, was sie erlebt hatte. 10

Eines Morgens war Monko verschwunden, obwohl Farideh nachts die Nase fest in Monkos Rücken gedrückt hatte, um schöne Träume zu haben. Er war weg und nirgends im Zimmer zu finden.

Heute wüsste sie, wo sie suchen muss. Damals war es 15 eine Katastrophe. Sie hatte gerade erst gelernt zu sagen: »Ich heiße Farideh, bin zwölf Jahre alt und lebe jetzt in Köln. Es gefällt mir gut in Deutschland.«

Damit konnte sie Frau Tizian eine Freude machen. Monko ließ sich so nicht finden. Hamid war an diesem 20 Morgen nicht zu Hause, Mariam schon zur Schule unterwegs. Niemand verstand, wonach sie angestrengt suchte. Erst beim Mittagessen dolmetschte Mariam.

Nachmittags brachte Yvonne Monko. Er war nass und schmutzig und stank. 25

Mariam erklärte Farideh, was geschehen war. »Yvonne sagt, dass sie dein Plüschtier im Garten gefunden habt, aber sie lügt. Yvonne stiehlt. Sie hat dich bestohlen, wie sie mich bestohlen hat, als ich neu in die Gruppe kam.« 30

---

betrachten, ansehen

37

»Was macht sie mit den fremden Sachen?«

»Meistens wirft sie sie in den *Müll*eimer, damit Susanne nicht merkt, dass sie gestohlen hat.«

Susanne sagte etwas auf Deutsch. Farideh konnte es nicht verstehen, aber es klang tröstend. Sie drückte den stinkenden Monko an sich. Schließlich nahm Susanne sie an der Hand, ging mit ihr ins Bad und half ihr, Monko zu waschen.

Abends wartete Farideh, bis Yvonne, Mariam und Marion schliefen. Dann kroch sie mit Monko unter die Decke und sprach mit ihm. »Wenn es Wunder gäbe«, flüsterte sie dem Plüschhund ins Ohr, »wünschte ich mir, dass sie passieren. Dass der Krieg aufhört, so dass ich mit Freydoun nach Hause zurückkehren kann!«

---

der Müll, das Weggeworfene; das, was man nicht mehr braucht

8

Wo Freydoun heute Nacht wohl schläft? Ob er auch noch wach ist?

Es ist dunkel im Zimmer. Durch den Vorhang am Fenster kommt ein wenig Licht von der Straße herein. Vor einer halben Stunden hat Susanne gute Nacht 5 gesagt und das Licht ausgemacht. Marion *schnarcht* leise. Von Mariam, die im Bett unter Farideh liegt und Yvonne ist gar nichts zu hören.

Wenn er noch wach ist, überlegt Farideh, wo liegt er dann wach? Ob er sich an das erinnert, was Marion 10 erzählt, wenn sie nach drei *Ausreißer*tagen ins Heim zurückgebracht wird?

Marion sagt, es gäbe zwei *todsichere* Möglichkeiten, nachts einen Schlafplatz zu finden und nicht entdeckt zu werden. Marion sagt: ›Nicht *geschnappt* zu werden.‹ 15 ›Todsicher‹ ist auch eines ihrer Lieblingswörter. Als ob jemand tot sein musste, damit er sicher ist.

Marion *übernachtet* meistens auf dem Bahnhof. Sie hat es Farideh vor vierzehn Tagen gezeigt. Der Kölner Hauptbahnhof ist voller junger Leute. Die sitzen dort 20 zwischen *Rucksäcken* auf dem Fußboden, unterhalten sich, essen und trinken oder schlafen und warten auf ihren Zug. Marion nennt sie die ›Rucksackleute‹. »Die fahren in den Ferien wie bekloppt durch ganz Europa.«

25

---

schnarchen, beim Schlafen und beim Atmen Laute von sich geben
ausreißen, weglaufen
todsicher, ganz sicher
schnappen, hier: fangen
übernachten, eine Nacht bleiben; schlafen
der Rucksack, ein Sack, den man auf dem Rücken trägt

Freydoun könnte Glück haben. Er sieht beinahe so erwachsen aus wie die Jungen, die im Bahnhof auf den Zug nach Kopenhagen oder Rom warten. Wenn er schlau ist, tut er so, als wolle er in die Ferien fahren.

5 »Schläfst du schon?«

Farideh erschrickt. Das ist Mariam. Sie flüstert vom unteren Bett zu Farideh hinauf und Farideh hat jedes Mal ein warmes Gefühl, wenn Mariam mit ihr Farsi spricht. Aber diesmal will sie eigentlich mit ihren
10 Gedanken allein sein.

»Hm –«

»Ich muss dir was erzählen. Kommst du runter oder soll ich zu dir rauf?«

In den ersten Wochen nach ihrer Ankunft hat
15 Farideh die meiste Zeit mit Freydoun oder mit Mariam *verbracht*. Mariam half ihr bei den Hausaufgaben, erklärte ihr, warum es im Heim so oft Kartoffeln und Nudeln und so wenig Reis zu essen gibt. Sie kannte sich aus. Und sie sprach die fremde Sprache. Ohne Mariam
20 wäre es schwieriger gewesen sich zurechtzufinden. Später wurde es etwas langweilig.

»Was ist?«

»Ich komme runter.« Farideh kletterte von dem oberen Bett in das untere. Mariam machte Platz. Sie ist
25 zwei Jahre älter als Farideh, klein und bekommt schon Brüste. Manchmal benimmt sie sich, als wäre sie Cyrus' Mama und nicht nur die große Schwester.

»Hat Mohammad dir schon erzählt?«

»Was?«
30 »Hab ich mir doch gedacht!«

»Was war denn?«

---

verbringen, zusammen sein

40

Mariam setzt sich im Bett auf und scheint sich wichtig zu fühlen.

»Also, die Sache ist so. Nachdem du zu Hamid gegangen warst, hat Susanne Mohammad gefragt, wo Freydoun sei. Aber Mohammad hat nichts gesagt! Er hat sich wie ein **echter Freund** benommen! Danach hat Susanne mich gefragt. Ich weiß ja gar nichts, aber selbst wenn ich etwas wüsste, hätte ich geschwiegen. Trotzdem interessiert es mich natürlich. Ist Freydoun nach Teheran abgehauen?«

Hamid hat genauso gefragt. Freydoun macht Dummheiten, aber doch nicht so, dass er nach Teheran fliegt! Er würde sie niemals allein zurücklassen! So etwas gibt es nicht.

Wie ist Hamid nur auf so einen Gedanken gekommen?

Und jetzt auch Mariam! Mariam würde sich doch eher in Stücke reißen lassen, als Cyrus aufzugeben!

»Woher soll Freydoun das Geld für ein Flugticket haben?«, hat sie Hamid verwundert gefragt, als er zweifelte, ob Freydoun nicht doch die größte Dummheit seines Lebens machte.

»Hat Hamid schon die Polizei informiert?« Das ist wieder Mariam.

»Davon hat er nichts gesagt.«

Farideh erschrickt. An Polizei hat sie überhaupt noch nicht gedacht!

Marion wird jedes Mal bei der Polizei als *vermisst* gemeldet.

Aber Hamid ist doch ihr Freund! Er hätte es ihr gesagt. Oder? Das tut er nicht, dass er Freydoun

---

vermissen, bemerken, dass jemand nicht mehr da ist

41

von der Polizei zurückbringen lässt. Hamid ist ja der einzige, der wissen müsste, warum Freydoun weggegangen ist. Ja, eigentlich müsste er sogar wissen, wo Freydoun zu suchen ist.

5 Ganz bestimmt gibt er ihm eine Chance! Farideh wünscht es sich.

»Du bist ja so richtig aufgeregt!« Mariam vergisst zu flüstern. Sie freut sich, weil sie glaubt, jetzt alles zu wissen. »Mir kannst du nichts *vormachen*! Freydoun ist 10 also nach Teheran unterwegs!«

Natürlich wacht Yvonne auf. »*Spinnt* ihr oder was?«

Marion hört auf zu schnarchen und dreht sich von einer Seite auf die andere. Farideh läge viel lieber neben ihr im Bett. Marion würde nicht so viel fragen.

15 Sie klettert nach oben zurück. »Keine Angst, Yvonne, ich schlafe jetzt!« Es macht gar keine Mühe mehr, vom Farsi ins Deutsche zu wechseln. Yvonne beruhigt sich.

---

vormachen, belügen
spinnen, verrückt sein

42

Zweiter Tag

1

Niemand zwingt sie dazu, erwachsener zu sein, als sie ist. Selbstverständlich wäre es leichter, wenn sie sagte, was mit Freydoun ist.

Sie wäre eine Last los.

Als sie heute Morgen aufwachte, hatte sie das Gefühl, ein Stein läge auf ihrer Seele. Wo liegt die Seele? Das weiß niemand. Da es niemand weiß, kann eigentlich auch niemand einen Stein darauf legen. Trotzdem hat sie die Last. Sie weiß nicht, was es ist. Hat sie Angst? Oder Zweifel?

Angst um Freydoun?

Zweifel daran, dass sie richtig handelt.

Freydoun verlässt sich auf sie.

»Zwei Tage«, hat er gesagt, »ich brauche nur zwei Tage. Donnerstag Nacht bin ich bestimmt zurück. Sorge dafür, dass das Fenster in unserem Zimmer auf ist. Alles andere mache ich selbst!«

Er will über den Kastanienbaum einsteigen, der unter dem Zimmer der Jungen im Garten wächst und breit bis zum ersten Stock reicht.

Beim Frühstück hat Farideh nichts essen können, nur den ekelhaften Milchkaffee hat sie getrunken. Sie wünscht sich, es würde schnell Nacht werden.

Den Vormittag in der Schule hat sie verbracht, als säße sie eigentlich nicht dort.

Nach der Schule traf sie unten im *Flur* des Heimes Hamid. Er hat sie fragend angesehen und sie hat stumm den Kopf geschüttelt.

---

der Flur, der Gang

43

Während die anderen schon beim Mittagessen saßen, hat sie unter Freydouns Matratze nachgesehen. Ein schneller Handgriff. Ein Blick. Das Versteck war leer. Einen Augenblick lang fühlte sie Schmerz.

5 Wenigstens das Foto der Eltern hätte er ihr dalassen können!

Dann ist sie in den Speisesaal gerannt. Obwohl mittags mehrere Stühle nicht besetzt sind – Mohammad zum Beispiel muss auch nachmittags zur

10 Schule –, hat sie Freydouns Stuhl nicht ansehen können. Da war wieder die Angst.

Sie hat einen besorgten Blick von Susanne aufgefangen. Und sie ist froh gewesen, dass Susanne nichts fragte. Gegessen hat sie wie ein Vögelchen. Bibijun

15 nennt das so.

Und nun sitzt sie im Gemeinschaftsraum über den Hausaufgaben. Sie soll rechnen und kann es nicht. Dabei ist sie nicht schlecht im Rechnen. Ihr Kopf scheint wie leer zu sein. Nein. Umgekehrt. Er ist nicht

20 leer. Er ist überfüllt. Sie kann nur an Freydoun denken.

Einen Tisch weiter macht Thorsten Papierflugzeuge, während Cyrus irgendetwas in sein Heft schreibt.

Draußen scheint die Sonne. Seit vier Tagen ist es in

25 Köln so heiß wie im Mai in Teheran. Hier sei es nur im Juli so heiß, hat Mariam erzählt und ist stolz auf ihr Wissen.

Im Garten, der zum Heim gehört, spielen die Kleinen. Farideh hört sie schreien und lachen.

30 »He, Fa! *Pennst* du?« Marion reißt sie aus ihren Träumen. »Was ist? Bist du endlich fertig? Ich gehe mir

---

pennen, schlafen

44

jetzt ein Eis holen, kommst du mit?« Mariam blickt von ihrem Heft hoch und schüttelt den Kopf. Sie wirkt in diesem Moment viel älter als Marion, obwohl sie nur ein Jahr auseinander sind.

Yvonne schreit los. »Eis? Ich will auch ein Eis!« 5

Sie benimmt sich manchmal so, wie sie aussieht: wie ein Kleinkind.

Farideh macht ihr Heft zu. Auf jener Seite, auf der sie die Rechenaufgaben machen wollte, steht nichts als das Datum: Donnerstag, 14. Juni 1988. 10

Eine halbe Stunde später sitzen Farideh und Marion auf einer Mauer im Garten, jeder mit einem Eis. Farideh hat sich Pistazieneis gekauft. Marion fragt nach Freydoun. »Ich will nur wissen, ob du vorher gewusst hast, dass er abhauen würde oder ob du 15 genauso überrascht warst wie wir alle.«

Farideh nickte vorsichtig. Am liebsten würde sie Marion sofort und ohne Zögern alles erzählen. Sie könnten zu zweit an dem Geheimnis tragen. Sie könnte ihr sagen, dass Freydoun glaubt, eine heiße Spur 20 gefunden zu haben.

»Dann weißt du vielleicht auch, wo er ist«, sagt Marion und redet weiter, ehe Farideh Zeit hat, sich für eine Antwort zu entscheiden, »ich will's nicht wissen. Ich denke, dass du ihm versprochen hast, nichts zu 25 verraten. Ich will nur wissen, ob du ihm erklärt hast, wie er durchkommt, ohne gleich von der Polizei geschnappt zu werden?«

Als Farideh »ja« sagt, antwortet Marion: »Dann schafft er es auch, was immer er vorhat.« 30

Das klingt ja so, überlegt Farideh, als hätte Marion auf einmal Interesse an Freydoun. Bisher war eher das Gegenteil der Fall.

»So ein besonderes Exemplar von Bruder hat nicht jede!«

»Was meinst du mit ›besonders‹?«, fragt sie vorsichtig.

5 »Was soll schon sein? Ich meine, er ist besonders, weil sich außer mir noch keiner getraut hat, aus dem Heim abzuhauen. Das verlangt *Anerkennung*, oder?«

Jetzt lächelt Farideh und hat gar nicht mehr das Gefühl, einen Stein auf der Seele zu haben. Marion ist 10 die beste Freundin der Welt!

Bibijun hatte ihr beim Abschied vorausgesagt, sie würde in der Bundesrepublik auch eine Freundin finden, aber wenn sie ehrlich ist, hat sie nicht daran geglaubt. Doch dann fing die Sache mit Marion an.

---

die Anerkennung, die Achtung

2

»Nie im Leben! Jedes Baby weiß, dass Silvester gleich nach Weihnachten kommt. Neujahr ist doch nicht im Frühling! Das kannst du deiner Großmutter erzählen, aber nicht mir!«

Marion war ganz bestimmt nicht Faridehs Groß- 5
mutter.

»Meine Großmutter weiß das schon lange. Deshalb erzähle ich es dir und nicht ihr!« Farideh ließ sich nicht verwirren.

Das war Anfang März gewesen. Mariam hatte 10
Farideh nach den Hausaufgaben gefragt, ob sie mit ihr in den Park gehen wolle. Marion war dann auch noch mitgegangen.

»Wir machen es mit Eiern«, erklärte Farideh.

»Was macht ihr mit Eiern?«, fragte Marion. »Wollt 15
ihr mir erzählen, dass die Perser an Neujahr mit rohen Eiern um sich *schmeißen*?«

»Die Eier liegen auf einem Spiegel. In dem Augenblick, in dem sie sich bewegen, beginnt das neue Jahr. Es heißt Norus.« 20

»Norus ist unser Neujahrsfest«, erklärte Mariam, »aber in unserer Familie machen wir es nicht mit Eiern. Wir fahren zum *Picknick* aufs Land.«

»Die Eier bewegen sich von allein, ohne dass jemand an dem Spiegel *rumfummelt*?«, wollte Marion wissen. 25

Farideh nickte. Auf einmal war Marion gar nicht mehr *spöttisch*. »Ist das schwarze Magie?«

---

schmeißen, werfen
das Picknick, das Essen im Freien während eines Ausflugs
rumfummeln, hier: bewegen
spöttisch sein, sich über andere lustig machen

»Es ist ein —«, Farideh suchte nach dem deutschen Wort.

Mariam fragte auf Farsi, machte ein zweifelndes Gesicht. Farideh erklärte mit Händen und Füßen.
5 Schließlich übersetzte Mariam: »Ich kenne die Geschichte nicht, aber Farideh meint, es sei eine männliche Kuh.«

»Aha, ein Bulle also!«

»Gut, ein Bulle. Farideh sagt, er trägt die Erde auf
10 einem seiner Hörner. Und einmal im Jahr wechselt er sie von einem Horn zum anderen; dann *wackelt* die Erde und dann wackeln auch die Eier. An den Eiern sieht ihre Familie, dass die Erde aufs andere Horn gekommen ist.«

15 Marion überlegte und begann zu zweifeln. »Jedes Baby weiß, dass die Erde rund ist und im Weltraum *schwebt*. Also wenn ihr mich fragt, ich würde sagen, das ist nichts als Spinnerei.«

»Es ist eine Geschichte, dir mir Bibijun er erzählt
20 hat«, sagte Farideh, »mir gefällt sie und außerdem ist es egal, ob die Erde auf einem Horn getragen wird oder im Weltraum herumschwebt. Bei uns ist Neujahr jedenfalls am Frühlingsanfang.«

»Und bei uns ist der Frühlingsanfang nur der Früh-
25 lingsanfang und das finde ich viel realistischer!« Und damit schien sich Marion für das persische Neujahrsfest nicht mehr zu interessieren.

Abends im Bett dachte Farideh darüber nach, dass sie zum ersten Mal in ihrem Leben das Neujahrsfest

---

wackeln, sich bewegen
schweben, sich langsam und ruhig in der Luft bewegen

48

nicht mit Eltern, mit Bibijun, Onkel Manssur, nicht mit Baba Akbar und Tante Malakeh verbringen würde. Sie spürte schon wieder die Tränen kommen. Als sie schon zu Monko unter die Bettdecke kriechen wollte, um mit ihm zu sprechen, da hatte sie eine Idee.

Die musste sie unbedingt Mariam erzählen! Sie flüsterte über den Bettrand nach unten. »Psst! Mariam! Schläfst du schon?«

Mariam schlief tatsächlich. Enttäuscht zog sich Farideh zurück. Sie hätte so gern mit jemandem gesprochen, der anders als Monko auch antworten kann.

»Mariam pennt schon. Falls es was Wichtiges ist, kannst du es ja mal mit mir versuchen!«, sagte Marion vom oberen Stockwerk des Etagenbetts gegenüber.

Es wäre einfacher gewesen, mit Mariam in der *vertrauten* Sprache zu sprechen. Bei Marion musste sie mühsam die deutschen Wörter zusammensuchen; ihre Dolmetscherin schlief ja bereits.

»Bloß keine Angst«, sagte Marion, »ich meine, mir macht es nichts aus, wenn du Fehler machst. Schließlich bin ich nicht die Tizian!«

Farideh gab sich einen Stoß. Langsam, aber fehlerfrei, sagte sie: »Ich habe eine Idee.«

»Und die wäre?«

Marions Flüsterstimme im Dunkeln klang nicht so, als wolle sie Farideh auslachen oder sich über sie lustig machen.

»Ich will Norus feiern, so wie bei uns zu Hause!«

»Klar doch. Kann ich verstehen.«

»Nicht allein. Mit anderen.«

---

vertraut, gewohnt

»Welchen anderen?«

»Allen!«

Eigentlich hätte sie sagen wollen: Ich möchte, dass alle Kinder im Heim mit mir unser Neujahrsfest feiern, aber dieser Satz war viel zu lang und zu kompliziert.

»Alle?«

»Alle.«

»Hm –«, Marion schien zu überlegen. Es entstand eine Pause.

Wahrscheinlich findet sie meine Idee nicht gut, dachte Farideh. Aber dann sagte Marion. »Warum nicht? Für eure Eier könnten wir einen Spiegel aus einem der Badezimmer abmachen. Das kann doch ganz lustig werden. Klar, mach das! Ich bin dabei!«

»Ich kann kochen«, sagte Farideh stolz.

»Persisch?«

»Ja.«

Farideh dachte nach. Geschenke gehörten dazu. Ich werde jedem Kind etwas schenken. Wie Bibijun das immer tut.

»Du bist doch nicht plötzlich weggepennt?«, wollte Marion wissen.

»Nein, nein!«, antwortete Farideh erschrocken. »Ich denke. Ich denke nach. Alle bekommen Geschenke. Meine Großmutter macht jedes Jahr Geschenke.«

»Du willst deine eigene Großmutter sein?«

Farideh lachte. Sie ist doch nicht Bibijun! Aber in Köln gibt es keine Bibijun, also wird es das Beste sein, sie spielt Bibijuns Rolle.

»Also wenn du mich fragst, dann sprichst du schon sehr gut Deutsch! Und was noch nicht ist, das wird bald«, sagte Marion.

»Danke!« Farideh war stolz.

»Und falls du für die Geschenke noch Wünsche entgegennimmst, dann hätte ich gern einen lila Lippenstift.«

So begann es. Ja, wenn sie heute zurückdenkt, hatte es mit diesem Gespräch angefangen. Einen lila Lippenstift konnte sie nicht finden. Sie schenkte Marion einen schwarzen und Marion freute sich wie verrückt. Schwarz fand sie noch besser als lila.

Am nächsten Morgen war es übrigens Marion, die Susanne von Faridehs Plan erzählte. Susanne meinte, sie brauche etwas Zeit, um darüber nachzudenken.

Faridehs Plan sah vor, für 128 Kinder ein Neujahrsfest zu machen. Susanne und Hamid überzeugten sie davon, dass es einfacher wäre, nur für die eigene Gruppe zu kochen.

»Du musst dir vorstellen«, sagte Hamid, »eure Gruppe ist wie eine große Familie. Norus wird immer in der Familie gefeiert«, sagte Hamid. Er hatte Recht. Zur Gruppe gehörten nicht nur die Kinder, sondern auch die Erzieherinnen, Robert, der manchmal Nachtwache im Heim hatte, und natürlich Hamid. Alles in allem dreizehn Personen.

Als Farideh sagte, sie wollte eigentlich Bibijuns Platz einnehmen, aber sie hätte nicht so viel Geld für Geschenke, da lachte Hamid. Sie hörte ihn zum ersten Mal lachen. Er lachte leise. »Die Bibijun!«, sagte er liebevoll. »Du musst erst siebzig Jahre leben, ehe du eine richtige Bibijun bist. Kannst du dir vorstellen, wie lange siebzig Jahre sind?«

Sie konnte es nicht. Vielleicht war sie zu jung, um sich siebzig Jahre vorstellen zu können? Hamid legte den Arm um ihre Schultern und versprach, für kleine

Geschenke zu sorgen. »Nur kochen«, sagte er, »kochen musst du selbst! Zeig uns, was du kannst!«

Was für ein Glück, dass sie Mama immer beim Kochen geholfen hatte!

5 Farideh wählte ein Gericht, das sie zusammen mit Mama schon mindestens zehnmal gekocht hatte.

Morgens war sie mit Susanne, Frau Burger, der Köchin des Heims, und Marion, die unbedingt dabei sein wollte, zum Markt gegangen. Gemeinsam
10 schleppten sie Einkaufstaschen voll Gemüse ins Kinderheim.

Dann saßen sie vor den Gemüsebergen und putzten und schnitten.

»Was soll das denn mal werden, wenn es fertig ist?«
15 Farideh hatte es schon fünfmal gesagt, aber Marion konnte sich das persische Wort nicht merken: »Tasskabab.«

»Komisches *Papperlapapp*.«

»Meine Küche ist kein Debattierklub. Wenn ich hier
20 so viel reden würde wie ihr beiden, dann hätte das Heim niemals pünktlich seine Mahlzeiten.« Frau Burger lächelte Farideh zu. Farideh hat die große, dicke Frau von Anfang an gemocht. Frau Burger war die erste gewesen, an der Farideh in der Anfangszeit die
25 deutschen Wörter ausprobieren konnte, die sie in der Schule lernte. Von ihr wurde sie nicht ausgelacht.

Heute war Frau Burger nur Hilfskraft. Gemeinsam mit Susanne schnitt sie Rindfleisch in dünne *Streifen*.

Nachdem das Gemüse geordnet war, fingen Farideh

---

das Papperlapapp, der Unsinn
der Streifen, ein langes, schmales Stück

und Frau Burger mit dem Kochen an. Marion und Susanne durften zusehen. In einem großen Topf wurde Öl heiß gemacht. Zuerst kam eine *Schicht* Zwiebeln hinein, wurde angebraten, danach schichtete Frau Burger Tomaten, Karotten, Rindfleisch, Zwiebeln und Kartoffeln aufeinander, gab kräftig Curry dazu und Salz, drehte die Herdplatte auf kleinste Stufe und legte den Deckel auf den Topf. »Wie lange?«, fragte sie. Farideh überlegte. Darauf hatte sie nie *geachtet*, wenn Mama kochte.

Als geübte Köchin war das für Frau Burger kein Problem.

Abends stand das Tasskabab auf dem Tisch, den Susanne und Farideh festlich gedeckt hatten.

Kein einziger Stuhl war leer. Sie hatten sogar für Hamid und Robert noch zwei Stühle dazugestellt. Mariam und Farideh erklärten, wie im Iran das Neujahrsfest gefeiert wird. Mariams Familie feiert es anders als Faridehs.

Als Farideh die Geschichte von den Eiern und dem Bullen erzählte, der die Erde auf einem Horn trägt, sagte Marion: »Ich habe auch noch eine Überraschung!« Sie rannte hinaus und alles wartete neugierig. Dann hörten sie den Knall und Marions Schrei. Sie hatte den Spiegel aus dem Badezimmer abmachen wollen. Das war gründlich misslungen.

Das Neujahrsfest wurde trotzdem sehr schön. Hamid hatte für jedes Kind und auch für Ulla, Susanne und Robert kleine Geschenke mitgebracht.

---

die Schicht, die Lage
achten, aufmerksam sein

Und die drei rohen Eier, die Marion aus Frau Burgers Kühlschrank genommen hatte, legte Ulla auf einen unbenutzten Teller. »Wenn sie wackeln, dann auf einem Teller genauso wie auf einem Spiegel!«

5 Und Farideh war sich damals ganz sicher: Sie sah, wie sich die Eier bewegten. Der Bulle hatte also die Erde von einem Horn aufs andere genommen. Ein Beweis dafür, dachte Farideh, dass Teheran und Köln immerhin auf dem gleichen Horn sitzen.

3

Die Zugvögel kamen nach dem persischen Neujahrsfest. Farideh stand am Blumenfenster in Hamids Büro,
als sie das Geräusch hörte.

Hamid, der am Schreibtisch über irgendwelchen
Papieren saß, hörte es ebenfalls, hob den Kopf und 5
sagte fröhlich: »Frühling! Farideh, es wird Frühling in
Deutschland. Die Vögel kommen aus dem Süden
zurück.«

Woher kommen sie?«, fragte Farideh.

»Ich glaube, aus Afrika.« 10

»Sie könnten aber auch aus dem Iran kommen!«

Einige Tage später kamen zwar keine Zugvögel, aber
neue Kinder aus dem Iran. Hamid musste beinahe
jeden zweiten Tag zum Flughafen.

Es wurde eng im Kinderheim. 15

Die Neuen erzählten von Teheran. Immer öfter fielen
irakische Raketen auf die Stadt. Es gab Meldungen,
dass ganze Schulklassen an die Front geschickt
wurden.

Farideh, Freydoun, Mariam und Cyrus hörten Nach- 20
mittage lang zu. Farideh sah wieder die Angst in Freydouns Augen. Sie sah in seinen Augen mehr Angst als
in denen der neuen. Doch Freydoun sprach nicht darüber. Er warf wieder die Tür zu seiner Seele
zu und wurde noch schweigsamer als vorher. 25

In den Schulpausen stand er wie in den ersten
Wochen allein am äußersten Rand des Pausenhofes,
stand an der Hauswand, packte sein Pausenbrot aus
und demonstrierte seine Einsamkeit. Er wollte allein
bleiben. 30

Einmal *kickte* Mohammad eine leere Coladose über den Schulhof, rannte lachend auf Freydoun zu, rief etwas auf Deutsch und schoss ihm die Dose vor die Füße. Freydoun drehte ihm einfach den Rücken zu.

5 Farideh sah, wie Mohammad rot wurde vor Zorn.

Nachmittags saß Freydoun allein in Hamids Büro.

»Was wolltest du von ihm?«, fragte Farideh später.

»Ich will, dass einer von uns beiden aus dem Zimmer umzieht, entweder Mohammad oder ich. Ich teile das
10 Zimmer doch nicht mit einem Iraker!«

»Und was sagt Hamid?«

Freydoun machte ein unfreundliches Gesicht. »Er sagt, im Augenblick gibt es kein freies Bett. Er kann die anderen Gruppen nicht auseinander reißen. Er wird
15 aber sehen, was sich machen lässt.«

Auch Farideh findet, dass es ihr schwerfiel, zu Mohammad freundlich zu sein, vor allem, als sie von den Raketenangriffen hörte. Aber sie hasste ihn nicht. Sie hatte keine Angst vor ihm. Sie war nicht wütend
20 auf ihn. Nie im Leben wäre sie auf die Idee gekommen, sein Mathematikbuch aus dem Fenster zu werfen. Das tat Freydoun. Oder stundenlang zu duschen, wenn eigentlich Mohammad an der Reihe war.

Damals begann Farideh eigene Briefe an die Eltern
25 zu schreiben, von denen Freydoun nichts wusste. Sie wollte nicht immer nur Grüße und Küsse unter seine Briefe schreiben dürfen.

»Ich bin doch kein Baby mehr!«, schrieb sie in ihrem ersten Brief nach Teheran. »Freydoun schreibt
30 euch immer nur das, was **er** euch sagen will, und tut so,

---

kicken, Fußball spielen

als wäre ich zu dumm und zu jung, darüber mitentscheiden zu können.«

Freydoun hatte zum Beispiel nie etwas über Köln erzählt. Das tat Farideh jetzt.

»Stellt euch vor: Köln liegt nur 49 Meter hoch; das 5 sind 1091 Meter weniger als Teheran! Wenn ich mein ganzes Leben hier verbringen müsste, hätte ich Angst, dass eines Tages Köln im Meer verschwindet.«

Sie schrieb auch darüber, dass Frauen und Mädchen nicht mit Kopftüchern herumlaufen, dass nicht 10 freitags, sondern sonntags schulfrei ist; dass Köln fünfmal kleiner ist als Teheran, dass es keine *Bazare* gibt, dafür Einkaufscenter. Sie erzählte vom Regen: »In Köln regnet es oft, dass die Sonne nur wenig Platz hat.« Sie schrieb auch: »Wusstet ihr, dass es persisches 15 Geld nur im Iran gibt? Hier heißt das Geld nicht Rial, und den Dinar nennen sie Pfennig – ein ziemlich schwieriges Wort.«

An einen Brief erinnert sie sich ganz besonders: »Liebe Eltern«, schrieb sie, »Freydoun ist heute zum 20 ersten Mal im Judo-Unterricht. Er hat Judo gewählt. Es war Hamids Idee. Er sagt, Freydoun habe vor irgendetwas Angst. Judo sei gut gegen Angst. Wovor Freydoun Angst hat, weiß Hamid nicht. Ich auch nicht, denn Freydoun will nicht darüber sprechen. 25 Nachts hat er manchmal *Alpträume*. Das erzählen die anderen Jungen aus seinem Zimmer. Manchmal würde Freydoun im Schlaf schreien, als käme ein Monster auf ihn zu. Da ich jedoch in Deutschland noch

der Bazar, der Markt oder das Kaufhaus im Iran
der Alptraum, der Angsttraum

57

keine Monster gesehen habe, kann es nur ein Traum sein. Ihr müsst euch also keine Sorgen machen.

In der Schule geht es gut. Inzwischen traue ich mich auch mit allen Leuten Deutsch zu sprechen. Frau
5 Tizian, unsere Lehrerin, sagt, das sei die beste Möglichkeit, es schnell zu lernen. Leider schämt sich Freydoun immer noch, Fehler zu machen, und sagt lieber nichts, obwohl er sehr klug ist. Das sagt auch Frau Tizian. Er muss nur genügend Deutsch lernen,
10 um später einmal aufs Gymnasium und dann auf die Universität gehen zu können.

Ich nehme zu jeder Klassenarbeit meinen grünen Stein mit. Er bringt mir Glück! Erinnerst du dich, Mama, wie ich ihn im Park gefunden habe? Wenn er
15 in der Schule vor mir auf dem Tisch liegt, kann mir nichts passieren.

Habt ihr inzwischen herausgefunden, wo Onkel Hossein ist? Ich glaube, Freydoun denkt oft darüber nach. Dann wird er sehr schweigsam. Wir haben hier
20 einen kleinen Jungen in der Kindergruppe, der auch sehr schweigsam ist. Er heißt Tobias und ist vier. Unsere Erzieherin Susanne sagt, das sei eine *Verhaltens*störung. Dieses Wort habe ich nicht ins Farsi übersetzen können, deshalb schreibe ich es auf
25 Deutsch. Es ist nämlich so, dass die deutschen Kinder, die mit uns im Heim sind, eigentlich nur hier leben, weil sie zu Hause niemand haben will. Susanne sagt zwar, es gäbe Familien wie bei uns, aber ich habe noch niemanden aus einer solchen Familie getroffen. Macht
30 euch aber keine Sorgen! Wenn Freydoun ein paar Tage

---

das Verhalten, das Benehmen

58

nicht redet, dann ist das natürlich nicht dasselbe wie bei Tobias.

Freydoun wünscht sich übrigens immer noch ein Fahrrad. Viele haben hier Fahrräder und es ist längst nicht so gefährlich wie in Teheran. Es gibt sogar eigene Fahrradwege auf den Gehwegen! Vielleicht könnte Freydoun einen Freund finden, wenn er ein Fahrrad hätte. Ich brauche keins, weil ich ja schon eine Freundin habe.

Marion ist wirklich eine gute Freundin. Jetzt muss ich aber Schluss machen! Es grüßt und küsst euch eure Tochter Farideh.«

Kein einziges Mal schrieb sie etwas über das Heimweh oder darüber, dass das Internat oder Kinderheim ein Waisenhaus ist. In diesen Punkten war sie sich mit Freydoun einig.

4

Dann fand auch Freydoun einen Freund. Es war Hamid endlich gelungen, Freydoun und Mohammad einander näher zu bringen. Er hatte sie beide zu sich in sein Büro kommen lassen. »Ich will«, sagte er, »ich will, dass es hier im Heim Freundschaft gibt und keine Feindschaft. Ich will, dass ihr darüber nachdenkt. Und ich wünsche mir, dass du, Freydoun, und du, Mohammad, dass ihr beide euch gegenseitig akzeptiert. Wenigstens das! Geht jetzt und denkt nach!«

Zwei Tage später trafen Farideh und Marion im Freizeitraum Freydoun und Mohammad am Tischfußball. Marion sagte laut: »Also, wenn ich die Sache richtig sehe, dann sind die zwei dabei sich zu finden. Dabei hätten sie gar nicht erst lange suchen müssen. Findest du es nicht komisch, wenn zwei Dummköpfe sich erst hassen müssen, um herauszufinden, dass es Spaß macht, mal eine Runde Tischfußball zu spielen? Übrigens sind Männer da verrückter als Frauen. Merk dir das. Kannst du fürs Leben brauchen.«

Eine Woche später nahm Marion Farideh mit zu McDonald's. Sie bestellten Pommes Frites, einen Big Mac und zwei große Cola. Den Big Mac teilten sie sich. Für zwei hätte Marions Zwanzigmarkschein, den sie von ihrer Großmutter bekommen hatte, nicht gereicht. Marions Eltern haben sie noch nie im Heim besucht, aber alle zwei Monate kommt die Großmutter und nimmt Marion mit ins Café. »Dabei würde ich viel lieber zu McDonald's gehen, aber das versteht die alte Dame nicht.«

»Soll ich nicht doch was dazugeben?«, fragte Farideh.

Sie hatte fünf Mark mitgenommen. Das war das Taschengeld, das sie pro Woche vom Heim bekommt. Freydoun bekommt zehn Mark und manchmal schicken die Eltern aus Teheran Geld.

Marion winkte ab. »Du bist heute eingeladen. Hab ich dir doch schon gestern gesagt.«

Als der Bic Mac gegessen war, nahmen sie den Rest Pommes Frites und die Colabecher mit in die Straßenbahn. Es war Zeit, ins Heim zurückzufahren. Die Bahn war voll, alle Plätze besetzt. Also setzte Marion sich einfach auf den Fußboden zwischen den Eingangstüren, hielt den Colabecher mit den Füßen fest und schob in aller Ruhe Pommes Frites in sich hinein. Farideh zögerte. Dann setzte sie sich neben sie.

In Teheran, das wusste Farideh, dürfte sie niemals mit einer Freundin und ohne *Aufsicht* allein Bus fahren oder gar in ein *Lokal* gehen. Zumindest müsste Freydoun dabei sein. Und sie müsste einen Mantel und ein Kopftuch tragen, auf keinen Fall Jeans.

Nach dem Abendessen suchte sie die Nähe des Bruders. Er spielte mit Mohammad im Freizeitraum *Schach*. Das hatte er seit ihrem Abflug aus Teheran nicht mehr getan. Schachspielen hat mit Nachdenken zu tun. Einer, der nachdenkt, darf nicht gestört werden. Also setzte sich Farideh neben Freydouns Füße auf den Boden und legte den Kopf an sein Knie. Es tat gut, seine Wärme und seine Nähe zu spüren.

die Aufsicht, die Kontrolle, die Überwachung
das Lokal, das Restaurant
Schach, ein Brettspiel

5

Farideh denkt gern an den Frühling. In Deutschland ist er anders als im Iran. Er dauert länger und die Luft ist weicher.

Jeden Tag ging sie in den Garten des Heims und sah nach, welche Bäume und Büsche blühten. Manchmal ging Marion mit. Nicht immer. Sie fand es langweilig, Pflanzen zu betrachten, hatte mehr Spaß daran, mit Mohammad und Freydoun Tischfußball zu spielen.

Einmal spielten die beiden gegen sie und Farideh. Aber Farideh war an den Griffen zu langsam. Marion ließ sich jedoch nicht davon abbringen, an Faridehs Kickerfähigkeiten zu glauben.

»Du schaffst das bestimmt! Du wirst die Kicker-Queen vom Heim, wenn du dich erst mal von eurem Ayatollah freigemacht hast!«

»Was hat der Ayatollah damit zu tun?«

»Na weißt du! Also, wenn ich das richtig sehe, gibt es im Iran keinen einzigen Kicker – der ist nämlich auch amerikanisch. Und wenn es so was gäbe, dürften die Mädchen als Allerletzte dran spielen. Stimmt's oder hab ich Recht?«

An diesem Abend schrieb Farideh an die Eltern nach Teheran: »Freydoun braucht kein Fahrrad mehr. Er hat einen Freund!«

Es machte Farideh nichts aus, dass Freydoun und Mohammad immer häufiger an freien Nachmittagen allein in die Stadt fuhren. Sie hatte keinen Grund *eifersüchtig* zu sein. Warum auch? Eine Freundschaft ist

_____

eifersüchtig, Angst haben, jemanden an einen anderen Menschen zu verlieren

eine Sache, Bruder und Schwester zu sein ist viel mehr, ein Zustand, der ein Leben lang dauert. Den anderen Bruder hatte sie verloren, aber nicht an einen anderen Menschen, sondern durch den Tod. Und Freydoun war hier in Sicherheit.

Aber neugierig waren sie doch. Also beschlossen Farideh und Marion herauszufinden, was die Jungen in der Stadt zu tun hatten.

Sie stiegen in dieselbe Straßenbahn ein, nahmen jedoch den hinteren Einstieg, um nicht gesehen zu werden. Am Marktplatz stiegen sie aus.

Heute weiß Farideh, dass sie Glück hatten. Es war Dienstag und nur dienstags trafen sich die Jungen mit Farsad.

Unbemerkt folgten sie ihnen in eine breite Straße und warteten hinter einem parkenden Auto. Als sie dann vorsichtig hervorblickten, waren Freydoun und Mohammad verschwunden. Sie rannten bis zur nächsten Querstraße. Nichts. Keine Spur von den beiden.

Nachdenklich gingen sie die wenigen Schritte zurück. Marion folgte ihr, ohne etwas zu sagen. Dann standen sie vor den bunten Fenstern eines iranischen Lokals.

Erschreckt drehten sie sich um, als sie von hinten angesprochen wurden. »Na, ihr beiden? Sucht ihr etwas Bestimmtes?«

Farsad war unbemerkt an sie herangetreten. Er sprach gut Deutsch.

»Bist du Iranerin?«, fragte er überraschend Farideh in Farsi.

»Ich bin Iranerin«, antwortete Farideh deutsch und sagte: »Meine Freundin versteht kein Farsi. Wir

65

suchen meinen Bruder, Freydoun. Kennen Sie ihn?«

Farsad lächelte, nickte und sagte, sie sollen mitkommen.

Er schloss die Tür des Restaurants auf. Farsad machte kein Licht. Farideh und Marion folgten ihm an den Tischen vorbei und sahen ihn hinter einer Tür verschwinden. Dann hörten sie Freydouns Stimme. Er stieß einen kleinen Überraschungsschrei aus. »Farideh?«

Hinter der Tür war die Küche: ein kleiner enger Raum, nicht größer als die Küche zu Hause, in der Mitte ein viereckiger Tisch, an dem Mohammad saß.

Seit drei Wochen kamen er und Freydoun dienstagnachmittags gegen fünf Uhr hierher. Dienstag deshalb, weil dann der Besitzer des Restaurants erst gegen sieben Uhr kam. Bis dahin waren Freydoun und Mohammad schon wieder unterwegs ins Heim.

Farsad tat, was er jeden Dienstag machte. Er wärmte ein Essen auf, Reste, die vom Vorabend übrig waren. Manchmal schmeckte es persisch, manchmal arabisch. Farsad ist der zweite Koch.

Mohammad, das weiß Farideh heute, kannte Farsad schon seit drei Monaten. Farsad hatte ihn in der Stadt angesprochen und gefragt, wie es ihm im Heim und in Deutschland gehe. Danach lud er ihn zu einem Dienstagsessen ein.

6

Farideh steht am Fenster im Jungenzimmer und blickt hinaus auf die Äste des Kastanienbaumes. Sie *schwänzt* das Abendessen. Auf diese Weise ist sie ungestört.

Farideh ist dabei, das Fenster zu öffnen.

»Farideh?«

Sie dreht sich um. Mohammad steht hinter ihr. Das Fenster ist ein wenig offen. Mohammad blickt von ihr zum Fenster, vom Fenster zu ihr.

»Wegen Freydoun?«, fragt er.

Farideh fühlt sich *unbehaglich*. Sie mag Mohammad. Warum hat Freydoun ihm nichts von seinem Plan gesagt?

Was geschieht, wenn er oder einer der anderen Jungen nachher, ehe das Licht ausgemacht wird, das Fenster wieder schließt?

Sie hätte es, wäre Mohammad nicht dazwischen-gekommen, leicht zugedrückt und den Vorhang vorgezogen. Wahrscheinlich hätte niemand bemerkt, dass das Fenster nicht verschlossen ist. Und nun?

Endlich sagt er etwas: »Freydoun kommt also heute Nacht zurück?« Es klingt überhaupt nicht beleidigt, stellt Farideh verwundert fest.

»Du kannst dich auf mich verlassen.« Er drückt das Fenster wieder zu, prüft, ob es sich leise von außen aufstoßen lässt und zieht die Vorhänge wieder zu. Dann sagt er Farideh, dass er leise an die Tür zum Zimmer der Mädchen klopfen wird, sobald Freydoun zurückgekommen ist.

---

schwänzen, nicht teilnehmen, weil man keine Lust hat
unbehaglich, unwohl

Drei Stunden später liegt Farideh in ihrem Bett, hält Monko im Arm und spürt Marions Füße. Marion ist am Fußende eingeschlafen.

Freydoun hat keine Uhrzeit genannt. Wenn
5 Freydoun der Polizei in die Arme gelaufen wäre, überlegte sie, wäre er sicher längst ins Heim zurückgebracht worden.

Warum hat er ihr nicht mal das Foto der Eltern dagelassen? Er hat all ihre gemeinsamen Schätze
10 mitgenommen. Wenn sie richtig darüber nachdenkt, hat er alles mitgenommen, was ihm wichtig ist. Er wird sie doch nicht allein hier zurücklassen?

Nein, nein. Er kommt zurück. Und wenn nicht? Könnte es nicht sein, dass –?
15 »Nein!«, sagt Farideh laut.

Marion dreht sich von einer Seite zur anderen und fragt verschlafen: »Was ist?«

»Nichts«, flüstert Farideh, »schlaf weiter!«

Nur sie selbst darf nicht einschlafen.
20 Vielleicht steigt Freydoun in diesem Augenblick in die Straßenbahn, fährt durch die nächtliche Stadt mit ihren bunten Leuchtreklamen hierher, steigt aus, läuft bis zum Heim, klettert über die Mauer, *schleicht* durch den dunklen Garten und erreicht den Kastanienbaum.
25 Sie wartet auf Mohammads Klopfen an der Tür.

Freydoun hat den Eltern nie gesagt, dass der Freund, den er gefunden hat, Mohammad ist. Ja, und als im Mai oder so Hamid Freydoun sagte, er könne nun, wenn er es immer noch wolle, in ein anderes Zimmer
30 ziehen, da *lehnte* Freydoun *ab*. Logisch. Farideh lächelt.

---

schleichen, sich leise und langsam bewegen
ablehnen, nein sagen

Dann muss sie eingeschlafen sein.

Plötzlich erschrickt sie.

Mohammad! Mohammad klopft an der Tür!

Also ist Freydoun zurück!

Farideh läuft *barfuß* im Schlafanzug zur Tür. Mohammad wartet draußen. Im Flur brennt die Notbeleuchtung. Farideh kommt hinaus und schließt leise hinter sich die Tür.

Mohammad sieht müde aus. »Weißt du, wie spät es ist?«

»Wie spät ist es denn?«

»Ein Uhr. Und Freydoun ist noch nicht gekommen.«

»Bestimmt kommt er noch.«

Mohammad schüttelt den Kopf. »Wenn er bis jetzt nicht da ist, kommt er nicht mehr. Frag Marion, die sagt dir das gleiche.«

»Marion schläft.«

»Ich schlafe überhaupt nicht!« Verschlafen steht Marion auf dem Flur. »Was sollst du mich fragen?«

Mohammad macht den Vorschlag, ans Ende des Flurs zu gehen, damit sie miteinander reden können, ohne die anderen aufzuwecken. Zu dritt setzen sie sich auf den Fußboden und beraten. Marion gibt Mohammad recht. Freydoun ist erst vierzehn und steht noch unter dem Gesetz zum Schutz der Jugend. »Ab 23 Uhr dürfen wir nur noch in Begleitung Erwachsener draußen unterwegs sein.«

Farideh ist ratlos. Was ist, wenn Freydoun etwas passiert ist?

»Es sind höchstens drei Stunden von Frankfurt nach Köln«, sagt Mohammad in ihre Gedanken hinein. »Er

---

barfuß, ohne Schuhe

69

könnte es bis zum Schulbeginn schaffen.«

»Frankfurt?«, fragt Marion überrascht. Mohammad nickt.

Farideh spürt, wie sie erschrickt. Sie hatte Freydoun
5 versprochen, niemandem zu sagen, **wohin** er gefahren ist.

Aber sie hat ihn nicht verraten. Nein, **sie** hat nichts gesagt.

»Hat er den Zug genommen?«, flüstert Marion.
10 Farideh weiß es nicht. Das hat er nicht gesagt. Sie schüttelt stumm den Kopf. Marion legt ihr den Arm um die Schultern, zieht sie an sich.

»Willst du lieber mit Mohammad allein sein?«, fragt

Marion. »Ich meine, Fa, vielleicht habt ihr Dinge zu besprechen, die ich nicht hören soll? Also, du kannst es ruhig sagen.«

»Drei Köpfe«, sagt Mohammad, »denken besser als zwei. Hamid hat mich heute Abend in sein Büro geholt und noch einmal befragt. Er macht sich große Sorgen und er **musste** die Polizei informieren.« 5

Die Polizei! Und Farideh hatte sich so gewünscht, Hamid könnte Freydoun verstehen.

»Weiß er denn, dass Freydoun in Frankfurt ist?«, fragt Marion. 10

»Nein, er fürchtet, dass Freydoun versuchen wird, nach Teheran zu kommen. Tatsache ist«, erklärt Mohammad, »dass Hamid nicht begriffen hat, weshalb Freydoun abgehauen ist. Seit gestern Nachmittag werden alle Flughäfen nach ihm abgesucht. Aber Freydoun ist irgendwo in Frankfurt und sucht Onkel Hossein, weil Farsad meint, es gäbe einen Mostafa, der diesen Onkel Hossein persönlich kennt.« 15

»Wer ist Onkel Hossein?« Farideh hatte Marion nie etwas davon erzählt. Was gab es schon von einem verschwundenen Onkel zu erzählen, wenn sie so viele neue Dinge kennen lernen konnte? Jetzt muss sie etwas *nachholen.* 20

Marion hört geduldig zu. 25

Mohammad ist der Meinung: Sie sollten ernsthaft überlegen, was zu tun sei. »Hamid hat mir gesagt, dass er spätestens morgen Nachmittag eure Eltern anrufen muss, wenn Freydoun bis dahin nicht wieder zurück im Heim ist.« 30

---

nachholen, etwas jetzt tun, was man früher nicht getan hat

Aber Marion hat noch ein Problem. Sie will von Mohammad wissen, warum er Freydoun nicht begleitet hat. »Du bist doch sein Freund. Ehrlich gesagt, besonders gut finde ich das nicht! So allein in einer
5 fremden Stadt ...«

»Aber«, *verteidigt* Farideh Mohammad, »er hat doch selbst nicht gewusst, dass Freydoun abgehauen war! Ich habe ihn doch mit dem Zahnarzttermin *beschwindelt*.«

»Freydoun war beleidigt, weil ich ihm gesagt hatte,
10 dass ich nicht an den heißen Tip von Farsad glaube, dass das alles Unsinn sei. Das war vor drei Tagen. Freydoun hat den ganzen Abend nicht mehr mit mir geredet und ist am nächsten Tag einfach abgehauen.«

»Na ja, wenn das so ist.« Marion gibt sich halbwegs
15 zufrieden.

»Aber jetzt«, sagt Mohammad, »jetzt müssen wir etwas **tun**!«

Marion schlägt vor, zu dritt nach Frankfurt zu fahren und Freydoun zu suchen.

20 Mohammad sagt: »Das können wir Hamid gegenüber nicht tun! Gleich zu dritt verschwinden. Am besten wäre, Hamid gleich morgen früh die Wahrheit zu sagen und Freydoun von der Polizei in Frankfurt suchen zu lassen.«

25 »Glaubt ihr denn«, fragt Farideh, »die Polizei findet ihn wirklich? Und wenn ihm etwas passiert ist? Wenn er herumirrt oder im Krankenhaus liegt?«

Nein. Sie kann das nicht *zulassen*.

---

verteidigen, in Schutz nehmen
schwindeln, lügen
zulassen, erlauben

»Ich fahre nach Frankfurt. Ich werde ihn suchen«, sagt sie.

Irgendwann sind sie im Flur eingeschlafen. Sie wachen auf, als es empfindlich kühl wird. Die Sonne geht gerade auf. Der Himmel im Flurfenster ist schon 5 hell und wechselt allmählich seine Farbe. Das Morgengelb wird zum Sommerblau.

Mohammad läuft barfuß ins Jungenzimmer und sieht nach. Freydoun ist nicht zurückgekehrt.

Dritter Tag

1

Eine Rückfahrkarte zweiter Klasse nach Frankfurt, bitte!

Farideh sagt sich diesen Satz in Gedanken vor. Sie ist die Fünfte vor der Fahrkartenausgabe. Vor Aufregung hat sie feuchte Hände. Marion hat den Satz mit
5 ihr geübt. Sie hat Farideh auch bis in den Bahnhof begleitet und ihr gezeigt, wo sie die Fahrkarte bekommt. Jetzt ist Farideh allein. Sie hat es nicht anders gewollt.

Sie hätte Marion gern dabeigehabt. Marion kennt
10 sich außerhalb des Heimes aus. Aber dann hat Farideh beschlossen zu handeln, wie ihre Eltern handeln würden oder Onkel Mansur oder jedes andere Familienmitglied, auch Freydoun. Sie trägt die Verantwortung für Freydoun.

15 »Ich kann euch da nicht mit hineinziehen«, hat sie Marion und Mohammad gesagt. »Wenn wir zu dritt oder zu zweit abhauen, werden wir alle bestraft. So trifft es nur mich. Das ist in Ordnung. Schließlich handelt es sich um eine Familien*angelegenheit*.«

20 Mohammad verstand die Entscheidung besser als Marion.

Schließlich haben sie alles Geld zusammengelegt, das sie besaßen. Farideh hatte von dem Geld, das die Eltern geschickt hatten, fünfzig Mark; Mohammad
25 hat sein Sparschwein geöffnet und neunundvierzig Mark fünfzig herausgeholt; Marion hat achzehn Mark fünfundzwanzig dazugegeben.

---

die Angelegenheit, die Sache

Die Fahrkarte kostet einhundertacht Mark. Die Fahrt dauert zweieinviertel Stunden. Marion wird diesmal die Geschichte mit dem Zahnarzt benutzen, um Faridehs Fehlen in der Schule zu erklären. Mohammad geht heute Mittag zu Hamid und erzählt die Wahrheit. Dann hat Farideh einen guten Vorsprung.

»Eine Rückfahrkarte zweiter Klasse nach Frankfurt, bitte!«

Der junge Mann an der Fahrkartenausgabe will wissen, wann sie zurückkommt.

»Heute«, sagt Farideh. Der Computer druckt die Fahrkarte aus.

Dann ist sie wieder draußen in der Bahnhofshalle, mitten in der Menschenmenge. Durcheinander und Ansagen aus dem Lautsprecher. Leute eilen an ihr vorüber, schieben sie beiseite. Das erinnert sie an den Flughafen in Teheran.

Ängstlich sucht sie Gleis sieben. Was ist, wenn sie in den falschen Zug steigt? Sie ist noch nie in ihrem Leben mit dem Zug gefahren, obwohl es auch im Iran Züge gibt. Sie drückt Mohammads Sporttasche an sich. Er hat sie ihr für die Reise geliehen. Drei Marmeladenbrote, zwei Äpfel, Papiertaschentücher und eine Flasche kalter Kakao sind darin.

Als sie den Bahnsteig gefunden hat, liest sie noch zweimal das Schild am Waggon, ehe sie einsteigt. Sie merkt, wie ihr heiß wird, als einer vom Zugpersonal sie beim Einsteigen beobachtet. Was ist, wenn er sie gleich wieder aus dem Zug holt?

Vielleicht hat Marions Geschichte mit dem Zahnarzt nicht geklappt. Oder: Kinder unter vierzehn dürfen nicht mit der Bahn fahren. Nein. Das hätte Marion gewusst.

Ob sie sich einfach auf einen Platz setzen darf?

Aber wenn sie zögert, werden die anderen Fahrgäste auf sie aufmerksam. Sie setzt sich. Mohammads Sporttasche, die nun eine Reisetasche ist, hält sie auf den Knien fest.

Wie einfach war es doch gewesen, von Teheran nach Dubai, von Dubai nach Athen und von Athen nach Köln zu kommen! Damals hatte Freydoun die Verantwortung getragen.

»Auf Gleis sieben bitte einsteigen. Die Türen schließen automatisch. Vorsicht bei der Abfahrt des Zuges!«, kommt es aus dem Lautsprecher auf dem Bahnsteig. Wenige Sekunden später rollt der Zug an.

Zuerst einmal fährt Farideh durch Köln. Sie sieht Häuser, Straßen, Parks, die großen Kirchtürme, Tankstellen, Gärten. Die Stadt ist ihr nicht mehr fremd. Sie hat sich eingewöhnt.

Frankfurt, sagt Mohammad, sei größer und voller Hochhäuser, das wisse er aus der Zeitung und aus dem Fernsehen.

Wenn Bibijun wüsste, dass Farideh allein in diesem Zug sitzt und in eine fremde Stadt fährt. Bibijun würde den Zug sofort anhalten lassen, weil sie der Meinung wäre, allein verreisen sei für junge Mädchen viel zu gefährlich. Wie wird so ein Zug angehalten? Farideh lächelt zum ersten Mal, seit Marion sie in der Bahnhofshalle allein lassen musste, um rechtzeitig in der Schule zu sein. Selbst eine so mächtige Frau wie Bibijun könnte einen Zug nicht anhalten!

Der Zug fährt jetzt mit hoher Geschwindigkeit durch eine flache Landschaft. Wie schnell er fährt! Marion sagt, er schafft mehr als 180 km/h. Farideh macht es sich in ihrem Sitz bequem.

76

Wenn ich zurück bin, denkt sie, zurück in Teheran, dann werde ich Bibijun erzählen, dass es nicht notwendig ist, junge Mädchen in einer Märchenwelt leben zu lassen. Ich werde mit ihr sprechen, als wäre ich erwachsen, sozusagen von Frau zu Frau, wie Marion es mit mir tut.

Wenn sie doch schon zurück wäre!

Ohne Freydoun wird sie allerdings nie zurück-kehren können.

»Nun, Kleine, kann ich mal deine Fahrkarte sehen?«

Farideh zuckt zusammen. Sie hat den Schaffner nicht kommen sehen. Er steht neben ihr, eine komische Zange in der Hand, und wartet auf die Fahrkarte.

Nervös sucht sie in der Reisetasche. Sie spürt, wie der Schaffner sie anschaut. Endlich! Sie holt die Fahrkarte heraus und gibt sie ihm. Er prüft sie genau, behält sie in der Hand.

5 »So, nach Frankfurt willst du also. Und wann geht's zurück?«

Farideh hat von einem Augenblick zum anderen das Gefühl, Deutsch nur noch zu verstehen, aber nicht mehr sprechen zu können. Die Wörter stecken im Hals
10 fest.

Er gibt ihr den Fahrschein immer noch nicht zurück.

»Verstehst du kein Deutsch?«, fragt er.

»Doch!« Immerhin hat sie eines der Wörter aus dem Hals auf die Zunge bekommen. »Ich fahre heute
15 Abend zurück«, sagte sie und ist froh, dass sie jetzt wieder sprechen kann.

»Du fährst wohl auf Besuch nach Frankfurt?«

Farideh nickt. Dann sieht sie, wie er mit der Zange die Fahrkarte stempelt und sie ihr zurückgibt. »Da
20 wünsch ich dir viel Spaß und eine gute Reise!«

»Danke.« Farideh antwortet höflich, wie sie es von Frau Tizian gelernt hat. Er nickt zufrieden und geht weiter.

Farideh atmet flach und beinahe lautlos, bis sich der
25 Schaffner aus dem Wagen entfernt hat. Erst dann wagt sie wieder tief Luft zu holen.

2

Wo Freydoun jetzt wohl ist?

Sicher nicht mehr an dem Platz, wo er gestern geschlafen hat. Mohammads Sporttasche hat Farideh vor sich auf den Boden gestellt. Sie hat den *Prospekt* entdeckt, der »Ihr Zugbegleiter« heißt. Darin stehen die Stationen, an denen der Zug hält. Koblenz liegt hinter ihr. Der Rhein ist nicht mehr zu sehen.

Farideh verspürt Hunger. Jetzt müsste es im Heim zur ersten Pause klingeln. Sie stellt sich Marion vor. Marion, die sich heute weder die Fingernägel noch den Mund schwarz angemalt hat. Alles, damit Frau Tizian sie ernst nimmt, wenn sie Farideh entschuldigt.

Farideh öffnet Mohammads Tasche und packt ein Marmeladenbrot aus. Was für ein seltsames Gefühl das ist, in einem schnell dahinrollenden Zug zu sitzen, während eigentlich Pause sein müsste! Das Marmeladenbrot schmeckt auch anders als auf dem Pausenhof.

Der Zugschaffner ist inzwischen schon zweimal an ihr vorbeigegangen, ohne irgendwelchen Ärger zu machen. Er hat ihr sogar freundlich zugenickt.

Draußen fliegt eine Fabrik für Lacke und Farben vorbei. Um ein Uhr ist Mohammads Schule aus. Eine Viertelstunde später will er Hamid sagen, dass Farideh unterwegs ist, um Freydoun zu suchen und zurückzubringen.

Hamid wird das verstehen.

»Hamid schon, aber nicht der Direktor«, hat Mohammad gesagt. »Wenn er keine ernsthaften Schwierigkeiten bekommen will, hat er keine andere Wahl, als die Polizei zu rufen.«

---

der Prospekt, ein kleines Heft zur Information

Wenn sie allerdings Freydoun sofort finden und mit ihm eine Stunde später in den Zug nach Köln steigen würde, ja, dann könnte sie es schaffen, kurz vor zwei Uhr im Heim zu sein. Dann würde Hamid nicht die Eltern anrufen und vielleicht hätte der Direktor noch gar nichts von ihrem Fehlen bemerkt.

Farideh trinkt einen Schluck Kakao, verschließt die Flasche sorgfältig, steckt sie in die Tasche, macht sie zu.

Vielleicht ist Hamid auch gar nicht in seinem Büro, wenn Mohammad aus der Schule kommt?

Sie wird dieses Lokal finden müssen, in das Farsad Freydoun geschickt hat. Es ist in der Nähe des Bahnhofs. Freydoun hat ihr Farsads Wegbeschreibung genannt: über den Bahnhofsplatz und dann die erste Straße rechts bis zur Moselstraße. Dort sollte er nach einem Mostafa fragen.

Der Zug fährt in Mainz ein. Es ist ein kleiner, staubiger Bahnhof. Von Mainz sind es noch fünfzehn Minuten bis zum Bahnhof im Frankfurter Flughafen und dann noch zehn Minuten von dort bis zum Hauptbahnhof.

Als Farideh im »Zugbegleiter« Flughafen Frankfurt a. M. liest, bekommt sie Herzklopfen. Wie lange ist das schon her, dass sie wegen Nebels nicht landen konnten? Es kommt ihr vor wie eine *Ewigkeit*. Wären sie damals in Frankfurt und nicht in Köln gelandet, sie hätte niemals Hamid kennengelernt, niemals Marion, Mohammad, die Susanne und die anderen.

---

die Ewigkeit, eine sehr, sehr lange Zeit

3

Auch in Frankfurt liegen *Schrebergärten* an der Bahn-
strecke. Farideh sieht Gartenhäuschen, die aus allen
möglichen Brettern und alten Fenstern und Türen
zusammengebaut sind. Sie muss an die Vorstadtviertel
in Teheran denken, wo die wohnen, die nicht das Geld   5
für eine Wohnung in der Stadt haben.

Der Frankfurter Bahnhof ist größer als der Kölner.
Er wirkt wie ein Bazar: Läden und Geschäfte,
Menschen, verschiedene Gänge und Ausgänge, Lärm
und schlechte Luft.   10

Farideh kommt sich in der hohen Halle zwischen all
den Leuten verloren vor. Wenn Freydoun hier
irgendwo herumliefe oder in einer Ecke stünde, sie
würde ihn vielleicht vor lauter Menschen gar nicht
bemerken.   15

Sie geht durch einen Seitenausgang aus der Halle
und steht nun am Rande des Bahnhofsplatzes. Der
Platz ist von breiten Verkehrsstraßen zerschnitten.

Farideh geht in die Richtung, in die sie nach der
Farsad-Freydoun-Beschreibung gehen muss, sucht   20
Fußgängerüberwege, hält Mohammads Tasche fest,
findet die Straße. Sie muss die Straße bis zur nächsten
Ecke hinuntergehen. Das Lokal soll an der Moselstraße liegen. Es ist kein persisches Restaurant, nur
eine der üblichen *Kneipen*. Dort soll also dieser Mostafa   25
zu finden sein.

Farideh kommt an Geschäften vorbei, an Sexshops,
Nachtlokalen, sieht Stripteasetänzerinnen auf Fotos in

---

der Schrebergarten, ein kleiner Garten innerhalb einer größeren Anzahl
von Gärten am Stadtrand
die Kneipe, ein sehr einfaches Lokal

Schaukästen; in der geöffneten Tür eines Lokals mit lila Vorhängen stehen zwei Frauen mit blassen Gesichtern und rot gefärbten Lippen. Sie tragen kurze Röcke, rauchen und *grinsen* Farideh an. Sie eilt vorbei.

5   Zögernd steht sie schließlich vor der Eckkneipe. Die Tür ist offen. Etwas Sonnenlicht fällt ins Innere. Am liebsten würde sie umkehren. Sie gibt sich einen *Ruck*, drückt die Sporttasche mit dem Proviant, den Papiertaschentüchern und der Fahrkarte gegen die Brust und

10 steigt die drei Stufen zum Eingang hinauf.

    Als sie eintritt, muss sie sich erst an das *dämmerige* Licht gewöhnen. An einem Tisch sitzen zwei Männer und trinken Bier. Der eine liest Zeitung, der andere starrt auf den Geldspielautomaten.

15 »Was willst **du** denn hier?«, fragt eine laute Frauenstimme.

    Farideh wendet den Blick von den beiden Männern ab, die nicht wie Iraner aussehen. Der am Geldspielautomaten könnte Türke sein, der andere sieht

20 aus wie alle hier.

    Hinter dem *Tresen* arbeitet eine kräftige blonde Frau. Sie ist älter als Ulla. Die Haare sind dünn und ungepflegt. Die wasserblauen Augen starren Farideh an.

25 »Mostafa«, bringt Farideh hervor, »ich möchte Mostafa sprechen!«

    »Mostafa?« Das Gesicht der Frau bleibt unverändert. Farideh spürt ihr Herz bis in den Hals klopfen. Die Hände, mit denen sie immer noch die Sporttasche

---

grinsen, breit und dumm lächeln
der Ruck, der Stoß
dämmerig, weder hell noch dunkel

an sich drückt, sind feucht. Sie nickt und dann sagt sie, was auch Freydoun gesagt hatte: »Farsad schickt mich!«

Die beiden Männer haben sie bisher nicht bemerkt. Aber jetzt fängt sie einen schnellen, prüfenden Blick auf. Auch das Gesicht der Frau verändert sich.

»Farsad schickt dich?«, fragt sie, wendet sich schnell dem türkisch aussehenden Gast zu, lacht, und ihr Lachen klingt künstlich und zu laut. »Sieh dir das an! Die Kleine kommt von irgendwo hier rein, sagt, ein gewisser Farsad schickt sie, und fragt nach Mostafa! He, hast du gehört?« Sie spricht schnell und im Frankfurter Dialekt, den Farideh nur mühsam versteht.

Der, der über der Zeitung sitzt, sagt leise und ohne aufzusehen: »*Halt die Klappe!*« Sofort hört das Lachen der Frau auf.

Farideh fühlt sich nicht wohl, fürchtet, im nächsten Augenblick hinausgeworfen zu werden. Aber sie **muss** Freydoun finden!

»Ich suche meinen Bruder«, sagt sie schnell und versucht, so laut wie möglich zu sprechen. »Er heißt Freydoun und war vorgestern oder gestern hier und hat sich mit Mostafa getroffen. Er ist aber nicht nach Hause gekommen. Und jetzt will ich wissen, wo er ist.«

»Freydoun? Nie gehört!«, sagt die Frau.

Sie nimmt all ihren Mut zusammen. »Ich weiß, dass er hier war! Farsad hatte ihm genau gesagt, wie er hierher finden würde. Es war wegen Onkel Hossein —«

»Hossein Chabiri?«, unterbricht der Mann über der Zeitung, blickt auf und betrachtet zum ersten Mal

---

»*Halt die Klappe!*«, schlechtes Wort für: »Sei ruhig!«

84

Farideh. Farideh merkt, dass ihr vor Aufregung die Luft wegbleibt: Dieser Fremde kennt Onkel Hosseins vollständigen Namen!

»Hör mal, Kleine, es ist besser, wenn du jetzt verschwindest! Das hier ist kein Kinderspielplatz. Kleine Mädchen wie du gehören nach Hause.« Das ist die Wirtin.

Farideh beruhigt sich und schüttelt den Kopf. »Ich muss Freydoun finden! Sie schicken sonst die Polizei, um ihn zu suchen.«

In den wasserblauen Augen der Frau entdeckt Farideh zum ersten Mal einen Ausdruck. Es sieht aus, als wollte die Frau zornig werden.

»Lass das Mädchen in Ruhe«, sagte der eine Mann. Der über der Zeitung nimmt einen Schluck Bier, betrachtet Farideh, wendet sich dann wieder seiner Zeitung zu und sagt ganz nebenbei: »Gestern war ein Junge da, ich weiß nicht, ob das dein Bruder war.«

»Wo ist er?«, fragt Farideh.

»Weiß ich nicht! Er ist wieder weggegangen. Aber heute Morgen habe ich ihn bei den *Pennern* am Bahnhof gesehen, falls dir das was nützt.«

Farideh rennt hinaus auf die Straße, den Weg zurück zum Bahnhof: Onkel Hossein ist nicht mehr wichtig. Wichtig ist nur, Freydoun zu finden. Sie sieht keine Stripteasetänzerinnen, keine Nachtlokale und keine Frauen in Türöffnungen mehr. Über eine Rolltreppe findet sie hinauf in die Bahnhofshalle. Aber sie sieht nicht, was sie sucht. Vielleicht, überlegt sie, ist Freydoun schon nach Köln unterwegs?

der Penner, jemand, der keine feste Wohnung hat und im Freien schläft

85

Sie blickt auf die Bahnhofsuhr. In vierzig Minuten geht der nächste Zug. Was, wenn Freydoun doch hier irgendwo ist? Farideh sieht sich noch einmal draußen um. Vor der Bahnhofshalle sind Parkbänke aufgestellt.

5 Sie *weicht* einem Körper *aus*. Da liegt ein Mann auf der Straße vor dem Bahnhof und rührt sich nicht. Er könnte tot sein. Niemand kümmert sich um ihn, die Leute gehen an ihm vorbei, als gäbe es ihn nicht.

Zwischen den Bänken liegt *Abfall*: leere Bier- und
10 Coladosen, leere Flaschen, Papierreste, weggeworfene Zigarettenschachteln. Auf den Bänken sieht sie *betrunkene* Männer schlafen. In einer Ecke eine Gruppe, die Schnaps aus einer Flasche trinkt. Einer redet laut.

Dann sieht sie Freydoun. Er sitzt etwas abseits auf
15 einer Mauer, Ali Babas Teppich liegt zusammengerollt neben ihm. Freydoun starrt vor sich hin auf die schmutzige Straße.

»Freydoun!«, schreit Farideh und rennt los. »Freydoun!«

20 »Farideh!«, sagt Freydoun. »Wie kommst du denn hierher?« Dann nimmt er seine kleine Schwester in die Arme und Farideh hat das Gefühl, er hält sich an ihr fest.

Sie lacht. Noch nie hat sie sich so stark gefühlt, sie
25 macht sich von seinen Armen los, nimmt ihn an der Hand. »Komm«, sagt sie, »wir müssen uns beeilen, wenn wir den nächsten Zug erreichen wollen!« Sie bemerkt nicht, wie *verwirrt* Freydoun ist.

---

ausweichen, aus dem Weg gehen
der Abfall, das, was man nicht mehr brauchen kann und in den Mülleimer wirft
betrunken, zu viel Alkohol getrunken haben
verwirrt, durcheinander

»Welchen Zug wohin?«, fragt er und bleibt stehen. Was für eine Frage!

»Den nach Köln!«

»Es hat keinen Sinn mehr«, sagte Freydoun und setzt sich wieder auf die Mauer.

»Was hat keinen Sinn mehr?«

»Wir werden niemals bei Onkel Hossein leben können. Verstehst du, Farideh? Es war völlig egal, wo das Flugzeug landete, ob in Frankfurt oder in Köln. Wir hätten auch in Frankfurt niemals unter dem Schutz unserer Familie gestanden. Wir sind *ausgeliefert*!«

»Ausgeliefert?«

»Ohne Schutz ausgeliefert. Wie Waisenkinder!« Freydoun ist verzweifelt. Nicht mehr starrsinnig und nicht einfach nur traurig. Er blickt wieder auf den schmutzigen Boden zu seinen Füßen. »So will ich nicht leben, Farideh. Du musst das verstehen. Du bist meine Schwester. Ich wäre lieber tot, wie Ahmad.«

Farideh erschrickt. Da ist wieder die Angst um Freydoun. Am liebsten würde sie ihn in die Reisetasche packen und mit in den Zug nehmen.

Sie weiß nicht, was Mama tun würde, oder Bibijun, einen verzweifelten großen Bruder zur Vernunft zu bringen. Sie weiß nur plötzlich, wie sie es versuchen könnte.

Sie will nicht mehr ungeduldig den nächsten Zug erreichen, setzt sich zu Freydoun auf die Mauer, stellt Mohammads Tasche neben Ali Babas Teppich und sagt: »Du musst aber mit nach Köln kommen, schon allein wegen Marion.«

Sie spürt ihr Herz im Hals klopfen. Was ist, wenn er

---

ausliefern, hier: schutzlos sein

nicht mitmacht? Freydoun schweigt eine ganze Weile. Farideh bekommt vor lauter Herzklopfen kaum noch Luft.

Endlich fragte er: »Was ist mit Marion?«

Farideh versucht ruhig zu antworten. Sie holt tief 5
Luft.

»Weißt du, Freydoun«, sagt sie, »weißt du, ich habe Marion eigentlich versprochen, dir nichts zu sagen.

Endlich versteht Freydoun. Er wird feuerrot, hebt endlich den Blick vom Boden und starrt Farideh an. 10
»Du meinst –«, er macht eine Pause, überlegt, redet weiter: »Du meinst, Marion ist – Marion findet mich gar nicht so schlecht?«

Farideh nickt. Wenn sie Freydoun dazu bringen will, nach Köln zurückzufahren, muss sie ihre Rolle 15
weiterspielen.

4

Hamid holte sie am Kölner Hauptbahnhof ab. »Da
seid ihr also«, sagt er und macht ein ernstes Gesicht.
Aber dann nimmt er Farideh für einen Augenblick an
die Hand und Freydoun in den Arm. »Ich bin froh,
5 euch gesund wieder zu sehen!« Er fährt sie ins Heim
zurück.

»In einer halben Stunde«, sagt Hamid, »müssen wir
im Büro des Direktors sein. Vorher will ich wissen, was
passiert ist. Ihr habt also zehn Minuten Zeit, eure
10 Sachen wegzulegen, euch die Hände zu waschen und
die Haare zu kämmen. Danach seid ihr bitte in
meinem Büro.«

Farideh und Freydoun eilen die Treppen hinauf.

»Mensch! Endlich!«, ruft ihnen Marion entgegen.
15 »Ich warte schon eine Ewigkeit auf euch!«

Farideh gibt sich einen Ruck, den sie manchmal
nötig hat, wenn sie am liebsten davonliefe. »Ich habe
Freydoun erzählt, du bist in ihn *verknallt*. Anders hätte
ich ihn nicht nach Köln zurückbekommen«, sagt sie
20 und weiß, dass Freydoun nun entweder verrückt wird
oder sonst eine Katastrophe passiert.

Eine ganze Weile sagt niemand etwas. Freydoun
starrt Farideh an. Farideh blickt zu Boden und Marion
versucht, so gleichgültig wie möglich auszusehen.

25 »Ja dann«, sagt Freydoun nur, wendet sich ab und
geht in das Zimmer der Jungen.

Farideh sieht Marion zum ersten Mal rot werden.

»Also, weißt du, Fa –«, sagt sie nur.

Dann dreht sie sich plötzlich um und rennt hinter

---

verknallen, verlieben

Freydoun her, reißt die Tür zum Jungenzimmer auf, und Farideh hört, wie sie Freydoun zuruft: »Okay! Es stimmt! Aber mach bloß keine Tragödie daraus!«

Acht Minuten später klopft Farideh an Hamids Tür und zieht einen Freydoun mit heißen Ohren hinter sich her ins Büro. Hamid steht am Fenster.

»Ich will keine Entschuldigungen«, sagt er und ist so streng, wie er nur sein kann, »ich will die Wahrheit hören!«

Freydoun war nicht mit der Bahn gefahren. Ein Bekannter von Farsad, ein Iraner, hatte ihn am Hauptbahnhof in Köln mit dem Wagen abgeholt und ihn bis zum Hauptbahnhof in Frankfurt gebracht.

»Ich glaube, er ist Koch wie Farsad und sucht einen neuen Job.« Er hieß Abbas. Gegen neun Uhr wollte er Freydoun am nächsten Abend vor dem Frankfurter Bahnhof wieder abholen und mit nach Köln zurücknehmen. Aber Freydoun wartete vergebens.

»Und Mostafa? Und Onkel Hossein? Gibt es diesen Mostafa überhaupt?«

Zuerst hatten sie Freydoun gar nichts sagen wollen, als er in der Kneipe nach Mostafa fragte. Doch dann sagte einer der Männer, die dort Bier tranken, Freydoun solle am nächsten Morgen gegen zehn wiederkommen, dann könnte er vielleicht Mostafa sprechen.

»Und wo hast du übernachtet?«

Freydoun lächelte stolz: »Wie Marion! Ich habe zwei Jungen gefunden, die wollten immer schon mal bis nach Teheran reisen und haben mich gefragt, wie es dort ist.«

»Und hast du ihnen alles auf Deutsch erklären können?« Farideh staunte.

»Es war nicht leicht«, sagte Freydoun, »aber immerhin haben sie mich dann bei sich schlafen lassen.«

Am nächsten Morgen um zehn Uhr traf er
5 tatsächlich Mostafa.

»Ist es ein türkisch aussehender Mann?«

»Nein, Mostafa ist Iraner, und er kannte Onkel Hossein. Farsad hat nicht gelogen.«

»Und was ist mit Onkel Hossein?«

10 »Onkel Hossein«, sagte Freydoun mutlos, »Onkel ist nicht mehr in Frankfurt und auch nicht mehr in Deutschland. Mostafa sagte, Onkel Hossein habe immer davon geredet, in den Iran zurückzugehen. Vielleicht habe er das getan. Es ging um irgendetwas
15 Politisches. Das habe ich nicht verstanden. Mostafa sagte, wir müssten die Regierung im Iran ändern, und fragte mich sogar, ob ich mitmachen wolle. Aber du weißt ja, Farideh, ich bin ein Feigling. Ich habe ihm gesagt, das könnte ich meinen Eltern nicht antun.«

20 »Du bist kein Feigling!«

5

Nein, wütend ist Hamid nicht geworden. Er war nur
verärgert, und er war enttäuscht. Freydoun erzählte
ihm alles, auch, dass er in der zweiten Nacht
niemanden gefunden hatte, der etwas über Teheran
hören wollte und ihm dafür einen Schlafplatz anbot. 5
Schließlich war er einem Penner in einen leeren
Eisenbahnwagen hinterhergeklettert und dort irgendwann eingeschlafen.

Es tut weh, an dieses Gespräch mit Hamid zu
denken. Er ist kein einziges Mal laut geworden, er hat 10
nur gesagt: »Ihr habt mich enttäuscht. Ihr wisst sehr
genau, dass ich immer für euch da bin, dass ihr mit
allem zu mir kommen könnt. Ihr hättet nicht in dieser
Weise *auf eigene Faust* handeln dürfen.«

Zwei Wochen dürfen Farideh und Freydoun das 15
Heim in den Freistunden nicht mehr verlassen. Sie
müssen den Kontakt zu Farsad abbrechen. Hamid ist
am späten Nachmittag zu Farsad gefahren und hat
lange mit ihm gesprochen. Worüber sie gesprochen
haben, hat er nicht erzählt. 20

* * *

Am 20. August 1988 vereinbarten die Regierungen des
Iran und des Irak einen *Waffenstillstand*. 25
Am 27. Juli 1989 brachte Hamid eine Gruppe
Kinder zum Kölner Flughafen und verabschiedete sie
dort. Sie durften nach Hause zurückkehren, nachdem

---

auf eigene Faust, selbstständig; allein
der Waffenstillstand, das Ende des Kampfes

es Hamid gelungen war, den Eltern in langen Telefon-
gesprächen klarzumachen, dass dieses Paradies, in das
sie ihre Kinder geschickt hatten, für ihre Kinder ein
schwieriges und fremdes ist.

5   Farideh und Freydoun gehörten zu dieser Gruppe,
auch Mohammad.

Farideh, Marion, Freydoun und Mohammad haben
sich versprochen, Briefe zu schreiben und die Freundschaft nicht abbrechen zu lassen.

10 Farideh weinte bitterlich, als sie Hamid ein letztes
Mal umarmte.

Fragen

1. Beschreibe anhand einer Landkarte die Flugroute von Teheran bis Köln.

2. Warum landen Freydoun und Farideh nicht wie geplant in Frankfurt sondern in Köln?

3. Welche Aufgabe hat Hamid?

4. Beschreibe die Kinder aus dem Kinderheim, die in derselben Gruppe wie Freydoun und Farideh sind.

5. Beschreibe Freydouns und Faridehs ersten Schultag.

6. Warum ist Freydoun aus dem Kinderheim abgehauen?

7. Beschreibe die Freundschaft von Farideh und Marion.

8. Erzähle, wie Freydoun und Mohammad Freunde wurden.

9. Was machen Freydoun und Mohammad immer dienstags?

10. Was hören wir von Onkel Hossein?

11. Erzähle, was du über die Familie von Freydoun und Farideh weißt.

12. Warum sind Freydoun und Farideh von ihrem Vater nach Deutschland geschickt worden?

13. Welche »Schätze« haben sie mit nach Köln gebracht?

14. Wann und wie feiert man in Faridehs Familie das Neujahrsfest, und wie feierte man es im Kinderheim?

15. Beschreibe Faridehs Reise nach Frankfurt.

16. Gibt es in deiner Stadt auch politische Flüchtlinge?

17. Aus welchen Ländern kommen die Flüchtlinge und wie lange sind sie schon da?

18. Was weißt du über das Land, aus dem sie kommen?

19. Was tust du, damit sie sich in deiner Stadt wohl fühlen?

20. Gibt es da, wo du wohnst, auch Leute, die Flüchtlinge nicht mögen. Was tust du, um dies zu ändern?

www.easyreaders.eu

EASY READERS *Dänemark*
ERNST KLETT SPRACHEN *Deutschland*
EMC CORP. *USA*
EUROPEAN SCHOOLBOOKS PUBLISHING LTD. *England*

Ein Verzeichnis aller bisher erschienenen EASY READERS
in deutscher Sprache finden Sie auf der vorletzten
Umschlagseite.
Diese Ausgabe ist gekürzt und vereinfacht und ist damit für
den Deutschlernenden leicht zu lesen.
Die Wortwahl und der Satzbau richten sich - mit wenigen
Ausnahmen - nach der Häufigkeit der Anwendung und
dem Gebrauchswert für den Leser.
Weniger gebräuchliche oder schwer zugängliche Wörter
werden durch Zeichnungen oder Fußnoten in leicht
verständlichem Deutsch erklärt.
EASY READERS sind unentbehrlich für Schule
und Selbststudium.
EASY READERS sind auch auf Französisch, Englisch, Spanisch,
Italienisch und Russisch vorhanden.

EASY READERS BISHER ERSCHIENEN:

Andreas Schlüter: Die Stadt der Kinder (B)
Angelika Mechtel: Flucht ins fremde Paradies (C)
Anonym: Till Eulenspiegel (A)
Christoph Wortberg: Novembernacht (B)
Erich Kästner: Das doppelte Lottchen (A)
Erich Kästner: Der kleine Grenzverkehr (D)
Erich Kästner: Drei Männer im Schnee (C)
Erich Kästner: Emil und die Detektive (B)
Erich Kästner: Mein onkel Franz (A)
Gerhard Eikenbusch: Und jeden Tag ein Stück weniger von mir (B)
Gottfried August Bürger: Münchhausens Abenteuer (A)
Gregor Tessnow: Knallhart (C)
Gudrun Pausewang: Die Wolke (B)
Hansjörg Martin: Kein Schnaps für Tamara (B)
Heinrich Spoerl: Man kann ruhig darüber sprechen (B)
Herbert Reinecker: Der Kommissar lässt bitten (B)
Herbert Reinecker: Fälle für den Kommissar (C)
Inge Meyer-Dietrich: Und das nennt ihr Mut (A)
Inge Scholl: Die weisse Rose (B)
Jana Frey: Sackgasse Freiheit (C)
Jo Hanns Rösler: Gänsebraten (A)
Johanna Spyri: Heidi (0)
Marie Luise Kaschnitz: Kurzgeschichten (B)
Marliese Arold: Ich will doch leben! (C)
Michael Ende: Lenchens Geheimnis (A)
Otfried Preußler: Krabat (C)
Otto Steiger: Einen Dieb fangen (B)
Peter Härtling: Ben liebt Anna (A)
Peter Härtling: Paul, das Hauskind (B)
Siegfried Lenz: Das Feuerschiff (B)
Siegfried Lenz: Lotte soll nicht sterben (A)
Stefan Zweig: Novellen (C)
Susanne Clay: Der Feind ganz nah (C)
Thomas Brussig: Am kürzeren Ende der Sonnenallee (C)
Ursula Fuchs: Wiebke und Paul (A)
Uwe Timm: Am Beispiel meines Bruders (C)

Alle Titel finden Sie auf **easyreaders.eu**.